AF524844

Terrinen, Pasteten, Rillettes und Sülzen Kochbuch

Die leckersten Rezepte für jeden Anlass ganz leicht selber machen

Daniel Troff

Email: info@edition-lunerion.de
www.edition-lunerion.de

Psiana eCom UG
Berumer Str. 44
26844 Jemgum

Vorwort

Wenn Sie großartig gedeckte Festtafeln in Filmen über das 18. oder 19. Jahrhundert sehen, sticht etwas sofort ins Auge: Die üppig-raffinierte Opulenz an zahlreichen kleinen und größeren Kunstwerken, die ein Buffet in die Vorlage für ein prächtiges Gemälde verwandeln. Herzhafte Terrinen, ästhetisch-bunte Sülzen, winzige Pasteten-Kostbarkeiten oder intensiv-würzige Rillettes versprachen der gehobenen Gästeschar außergewöhnlichen Genuss bei Tisch – und die gute Nachricht ist: Sie müssen heute längst nicht mehr dem Adel angehören, um sich und liebe Gäste mit derartigen Leckereien zu verwöhnen! Wie Sie die raffinierten Speisen gelingsicher und mühelos in Ihrer Küche zaubern, das zeigt Ihnen nun dieses Kochbuch. Von Jane-Austen-Filmen bis zur altbacken wirkendend Festtafel der 50-er – Pasteten, Sülzen & Co. haben schon so einigen Imagewandel erlebt, bevor sie heute glücklicherweise ein Comeback feiern. Von der Shiitake-Hähnchen-Terrine über Rehrücken im Mantel bis hin zu mariniertem Whiskey-Rillette oder veganer Portobello-Pilz-Pastete ist für jeden Geschmack reichlich Auswahl geboten und sogar auf Naschkatzen wartet die eine oder andere süße Überraschung!

Guten Appetit!

INHALT

Verfahren, Equipment & Wissenswertes

Seit dem 14. Jahrhundert werden Pasteten, Sülzen, Rillettes und Terrinen im europäischen Raum zubereitet. Grundsätzlich eignet sich die Zubereitungsweise für verschiedene Fleischstücke und bietet eine Verwertung für ästhetisch mangelhafte Teile vom Tier. Damals bereiteten die Köche solche Speisen nur für die gehobenen Gesellschaftsschichten, wie den Adel und den Klerus, zu, da die Zutatenliste häufig teure Gewürze enthielt. Die einfache Bevölkerung hatte eigene, simplere Rezepte für ähnliche Speisen, wobei Wildkräuter, stärkehaltige Lebensmittel, Knoblauch und grobes Fett für die nötigen Kalorien und den Geschmack sorgten. Mit der Industriellen Revolution kam der Wohlstand in die Küchen der Mittelschicht und auch einige Rezepte, die vormals den Lords und Ladys vorbehalten waren. Zwischen 1790 und 1870 wurden die Menüs bei gesellschaftlichen Anlässen der bürgerlichen Schicht immer ausgefeilter, somit war es nicht ungewöhnlich, Pasteten, Terrinen, Sülzen und Rillettes auf einer Tafel zu finden. Die aufgebotene Vielfalt war ein Spiegel des Standes in der Gesellschaft, darum überboten sich die Köche um die Wette bei der Erfindung der schönsten Speisen und Dekorationen.

Die französische Cuisine ist noch heute bekannt für ihre ausgefallenen Pasteten, nicht zuletzt, weil Backen und Kochen darin zusammengeführt werden. Erwähnenswert ist in dieser Kategorie auch die britische Kochkunst, die mit ihren gefüllten Kuchen aus Fleisch, Trockenobst und Innereien eine eigene Nische gefunden hat. Ursprünglich als Form der Darreichung gedacht, hat sich der Teig mit den Jahren als leckere Ergänzung erwiesen. Die frühesten Rezepte beinhalteten einfache Zutaten, die sich oft auf Mehl, Salz und Wasser beschränkten, doch mit der Erfindung des Blätterteigs konnte man die Ummantelung der eigentlichen Speise appetitlich gestalten. Dafür nötig war nur die Butter, welche noch heute der geheime Star vieler Gerichte ist.

Nach dem Ersten Weltkrieg und mit den Umbrüchen der gesellschaftlichen Ordnung und dem Auftrieb des Kommunismus entdeckten viele Hausfrauen die alten Rezepte wieder, da die Zutaten für neumodische Gerichte durch Rationierungen schwerer zugänglich wurden. Mehl, Kartoffeln, etwas Fett und billige Fleischstücke oder Innereien konnten in Sülzen und Pasteten gut verarbeitet und gestreckt werden. Zudem lassen sich Sülzen (ohne extra Gelatine), Rillettes und Pasteten in Einweckgläsern haltbar machen. Mit den Jahren verloren diese Rezepte jedoch an Beliebtheit, denn die Zubereitung ist oft zeitaufwendig. Klassische Terrinen und Sülzen bekamen den Ruf, altbacken zu sein. Die frische Küche Italiens mit Salaten und Pasta gewann Europa für sich und die Dolce Vita gehörte zum Lifestyle vieler europäischer Touristen.

Doch wie in der Mode kommen Trends alle Jahre wieder. So werden z. B. Eintöpfe immer beliebter und durch die Erfindung von Multikochern auch Schmorgerichte, die früher stundenlang garen mussten. Einfach und schnell ist inzwischen nicht die wichtigste Devise für erfolgreiche Kochbücher, denn nachhaltig, gesund und lecker muss es auch noch sein. Die Kriterien dafür erfüllen die Gerichte mit schlechtem Ruf zumeist vollständig. Sie benötigen dafür nur einige zuverlässige Küchengeräte, einen Metzger Ihres Vertrauens (vorzugsweise mit einer gut bestückten Theke oder einer

Vorliebe für Sonderbestellungen) und eine Portion Geduld. Zu den Verfahren sei gesagt, dass diese nicht kompliziert sein müssen und lediglich ein wenig Erfahrung in der Küche voraussetzen.

TERRINEN

Typischerweise können Terrinen hinsichtlich der Zubereitung in zwei Gruppen unterschieden werden: **kalte und erkaltete Terrinen**. Erstere benötigen Milchprodukte, um die gewünschte streichfähige Konsistenz zu erreichen, letztere bedürfen tierischer Fette und Gelatine, die bekanntlich erst erwärmt werden müssen, um optimal verarbeitet werden zu können.

PASTETEN

Pasteten sind zum einen ein Oberbegriff für im Ofen gegarte Aufstriche mit Leber (Geflügel/Schwein/Kalb) und zum anderen fallen darunter Teig ummantelte Gerichte, die eine weiche Farce (Wild/Rind/Schwein/Geflügel/Fett) enthalten. Die erste Kategorie wird, um den Unterschied zu unterstreichen, auch Pâté genannt.

SÜLZEN

Sülzen werden durch den hohen Anteil an festem Aspik charakterisiert. Das verwendete Fleisch ist meist Schwein oder Rind, wobei besonders Teile mit viel Knorpel und Knochen erst gekocht und dann zerkleinert und gesäubert werden. Der Sud ist der eigentliche Geschmacksträger und kann regional sehr unterschiedlich verfeinert werden. Sülzen mit Einlage, wie gegarte Zunge, gekochte Eier und Gemüse, waren besonders in den 60ern bis in die späten 80er-Jahre hinein sehr beliebt. Möchte man Geflügel zu Sülze verarbeiten, sollte Blattgelatine verwendet werden, da es zu wenig Kollagen enthält, um die nötige Festigkeit zu bekommen. Man sollte beachten, dass Gelatine nicht über 80 °C erwärmt werden darf, weil sie sonst beim Abkühlen nicht mehr fest wird und sich nicht zum Einfrieren eignet.

RILLETTES

Rillette ist der französische Begriff für Schmalzfleisch, Pottsuse und reichhaltige Aufstriche. Die deutsche Variante hat an Bekanntheit eingebüßt und wird nur noch in traditionellen Lokalen angeboten. Zu schade! Es wird Zeit für ein Comeback. Für die Pottsuse wird Fleisch (oder auch Fisch) mit Gemüse und wenig Wasser lange gegart, anschließend zerrupft und mit dem ausgetretenen Fett vermengt. Fast der gesamte Inhalt aus dem Topf kann so zu einem leckeren Aufstrich verarbeitet werden, ohne zur Lebensmittelverschwendung beizusteuern. In Einweckgläsern eingekocht ist es zudem lange haltbar und entwickelt köstliche Aromen.

VEGETARISCH & VEGAN

Diese Methoden lassen sich mit etwas Kreativität und Know-how auch für vegetarische und vegane Zutaten übernehmen, doch selbstverständlich kann der Geschmack selten imitiert werden. Mit Fetten und Protein aus Nüssen und Hülsenfrüchten kann eine ähnliche Konsistenz erreicht werden, die Aromen dürften jedoch abweichen. Das ist aber kein Verlust und oft gewünscht, wenn man auf tierische Erzeugnisse verzichten möchte.

Die Zeitangaben für die Dauer verstehen sich ohne Ruhezeiten, d. h., **manche Gerichte müssen bis zu 12 Stunden auskühlen, köcheln oder durchziehen, wobei das nicht als Arbeitszeit gezählt wird.** Damit machen diese Rezepte ihrem Ruf, aufwendig zu sein, zwar alle Ehre, sie sind jedoch im Grunde weniger stressig, als man glaubt.

EQUIPMENT

Um die eigenen Kreationen stressfrei und organisiert zuzubereiten, sollten Sie einige Utensilien und Zutaten parat haben. Hier eine übersichtliche (erweiterbare) Liste für den Start:

- Terrinenschüsseln und Formen (backofenfest)
- Backofen (alle Gradangaben gelten für Ober-/Unterhitze)
- Töpfe, Pfannen, Sieb (Schnellkochtopf von Vorteil)
- Hitzebeständige Folie oder einfache Frischhaltefolie für kalte Terrinen, Backpapier, Silikonformen
- Fleischthermometer
- Küchenmaschine/Pürierstab zum Zerkleinern
- Gewürzmühle/Mörser
- Messer, Löffel, Spatel etc. (gängiges Küchenbesteck)
- Bain-Marie (einfaches Wasserbad)
- Feinwaage (Augenmaß reicht aber für die meisten Rezepte aus)
- Fleischwolf (viele Metzger wolfen auf Wunsch für Sie die gekauften Stücke)

GRUNDZUTATEN

☐ Fleisch (manches muss beim Metzger extra bestellt werden)

☐ Verschiedene Gewürze (Macis, Majoran, Wacholder, Lorbeer etc.)

☐ Fond (manche Rezepte beinhalten extra Brühe, viele bilden beim Garen genügend Eigensaft)

☐ Gelatine/Fett/Schmalz (für die Festigkeit)

☐ Trockenobst/Marmeladen

☐ Verschiedene Nüsse (Walnüsse/Pistazien)

☐ Spirituosen (Wein, Brandy, Whiskey)

☐ Essig (Balsamico, Weißwein etc.)

In einer gut sortierten Küche sollte alles Nötige zu finden sein, denn viele Rezepte stammen noch aus Zeiten, bevor die moderne Küche mit ausgeklügelten Geräten bestückt war. Damals war die Zubereitung vieler Speisen zeitintensiver, kam jedoch ohne teure Hilfsmittel aus. Um die Garzeit zu verkürzen, empfiehlt sich ein Schnellkochtopf oder ein Multikocher mit einer ähnlichen Funktion, ansonsten brauchen Sie nur ganz gewöhnliche Küchenutensilien, die man ohnehin benötigt, wenn man Freude am Kochen hat. Also gehen Sie guten Mutes an die neuen Rezepte heran und versuchen Sie Ihr Können – die schmackhaften Ergebnisse dürften so manchen Retro-Skeptiker überraschen!

Terrinen

SHIITAKE-HÄHNCHEN

6 Port. 2 Std. Mittel

Zutaten

450 g Hähnchenbrust (mager)
200 g Hähnchenkeule (ausgelöst)
450 ml Kochsahne
100 g Pistazien (geschält, gesalzen, geröstet)
200 g Shiitake-Pilze
1 Eiweiß
1 Bund Schnittlauch
1 Bund Estragon
2 Knoblauchzehen
Etwas Butter zum Anbraten
2 ¼ TL Salz
1 TL weißer Pfeffer
2 EL grüne Pfefferkörner

Nährwerte p. P.

423 kcal
8 g Kohlenhydrate
32 g Fett
42 g Eiweiß

1 Entfernen Sie die Haut vom Fleisch und stellen Sie die mageren Stücke in den Kühlschrank.

2 Schneiden Sie in der Zwischenzeit 200 g vom fettreichen Fleisch in 2 cm große Würfel und putzen Sie die Pilze, von denen die Hälfte dann grob zerkleinert werden sollte.

3 Geben Sie 450 g des Geflügels in die Küchenmaschine und verarbeiten Sie es in kurzen Intervallen auf höchster Stufe mit einem Eiweiß zu einer glatten Masse. Verwenden Sie für die Mousse vorwiegend magere Teile aus der Brust und die Trimmreste. Da bei der Emulsion die Temperatur leicht erhöht wird, sollte nur gut gekühltes Fleisch verwendet werden. Stellen Sie die Masse danach wieder kalt.

4 Schneiden Sie den Knoblauch und die Kräuter fein. Ersteres wird anschließend mit den Pilzen in der zerlassenen Butter in einer beschichteten Pfanne bei hoher Hitze angebraten. Geben Sie den Knoblauch erst dazu, wenn auch die ganzen Pilze bereits etwas Farbe annehmen.

5 Sodann kann die Fleischmousse in der Küchenmaschine mit der Sahne vermischt werden. Arbeiten Sie in kurzen Intervallen, da sich Fett und Eiweiß bei zu viel Wärme trennen könnten. Die Emulsion muss eine helle, rosige Farbe haben und gleichmäßig bindig erscheinen.

6 Rühren Sie die Kräuter, den weißen und grünen Pfeffer, die Pistazien und das Salz in die Masse. Das Salz sollte abgewogen werden, da rohes Geflügel nicht abgeschmeckt werden kann. Das rechnen Sie am besten mit dem Dreisatz aus. Es werden 1,8 % Salz im Verhältnis zum Gesamtgewicht der Fleisch-Mouse benötigt.

7 Legen Sie die Backform mit einer hitzebeständigen Folie aus, dabei sollten die Enden etwa 10 cm über den Rand der Form reichen. Dafür eignet sich z. B. ein aufgeschnittener Backschlauch. Schichten Sie die Sahne-Fleisch-Mousse, die Pilze und die restlichen Hähnchenstücke darin gleichmäßig und kompakt. Die Masse wird mit der überstehenden Folie abgedeckt, sodass sie nicht austrocknet.

8 Stellen Sie die Form in einer Bain-Marie bei 170 °C für ca. 75 Minuten in den Ofen. Das Wasser sollte mindestens bis zur Hälfte der Form reichen, damit die Masse gleichmäßig gart. Die Terrine muss im Inneren dafür eine Temperatur von über 60 °C erreichen. Danach sollte sie in der Form mit einem Gewicht (1 kg) beschwert über Nacht auskühlen.

9 Servieren Sie diese Terrine nach Belieben zu geröstetem Gemüse und einem leichten Salat mit Sour-Cream-Senf-Dressing als Vorspeise oder auf einem Sandwich mit Pflaumen-Chutney und milden Käsesorten zum Picknick.

FRÜHLINGSTERRINE MIT LACHS UND FRISCHKÄSE

6 Port.

20 Min.

Leicht

Zutaten

400 g Räucherlachs
400 g Frischkäse
1 Gurke
100 ml Sahne
3 Zweige Dill
2 Knoblauchzehen
½ Zitrone
1 Prise Salz
1 Prise Pfeffer
(schwarz, gemahlen)

Nährwerte p. P.

311 kcal
7 g Kohlenhydrate
24 g Fett
17 g Eiweiß

1 Schneiden Sie die Gurke längs in vier Teile und entfernen Sie die Samen mit dem Messer. Würfeln Sie die Gurke fein und geben Sie auch den geschälten und gepressten Knoblauch dazu.

2 Etwa die Hälfte vom Lachs wird klein geschnitten und zu den Gurken gegeben. Auch die Kräuter dürfen in diesem Schritt zerkleinert hinzugefügt werden.

3 Reiben Sie die Zeste von der Zitrone und pressen Sie sie aus. Zusammen mit dem Frischkäse, der Zitronenzeste und dem Zitronensaft wird die Gurken-Lachs-Mischung in einer Schüssel vermischt und mit Gewürzen abgeschmeckt.

4 In einem Küchenmixer verarbeiten Sie alles mit der Sahne zu einer streichfähigen Masse. Legen Sie eine geeignete Terrinenform mit Frischhaltefolie aus und platzieren Sie die übrigen Lachsstreifen in einer Schicht darin, sodass sie leicht überstehen.

5 Füllen Sie die Frischkäse-Masse hinein und bedecken Sie sie mit dem überstehenden Lachs und etwas Folie.

6 Die Terrine muss für mindestens 2 Stunden gekühlt stehen und kann danach auf eine Platte gestürzt mit Weißbrot, einem würzigen Rucolasalat und etwas Balsamico als Vorspeise serviert werden.

WALNÜSSE MIT DREI KÄSE

10 Port.

20 Min.

Leicht

Zutaten

120 g Walnüsse (grob gehackt)
280 g Gorgonzola (weich)
170 g Frischkäse (Rahmstufe)
200 g Ziegenkäse (weich)
1 Bund Schnittlauch (fein geschnitten)
Pfeffer nach Geschmack

Nährwerte p. P.

293 kcal
2 g Kohlenhydrate
26 g Fett
12 g Eiweiß

1 Rösten Sie die Walnüsse im vorgeheizten Ofen bei 180 °C für 8 Minuten.

2 In einer Küchenmaschine verarbeiten Sie den Gorgonzola mit 120 g Frischkäse zu einer Paste.

3 In einer Schüssel mischen Sie den restlichen Frischkäse mit Ziegenkäse und Schnittlauch (3 EL aufbewahren). Schmecken Sie die Masse mit Pfeffer ab.

4 Legen Sie eine tiefe, längliche Form mit Frischhaltefolie aus. Geben Sie ein Drittel der abgekühlten Walnüsse als dünne Schicht hinein. Darauf wird eine Lage Gorgonzola-Mischung gelegt. Bestreuen Sie die Schicht mit 2 Esslöffeln Schnittlauch und einem Teil der restlichen Nüsse. Die Ziegenkäse-Masse kommt darüber und wird ebenfalls mit Schnittlauch und Nüssen geschichtet. Die oberste Lage besteht aus der anderen Hälfte der Gorgonzola-Paste.

5 Wickeln Sie die überhängende Folie darüber und beschweren Sie die Terrine mit einem leichten Gewicht. Sie muss über Nacht im Kühlschrank durchziehen.

QUARK-TERRINE

4 Port. 45 Min. Leicht

Zutaten

250 g Magerquark
250 ml Buttermilch
4 Blätter Gelatine
1 Handvoll Schnittlauch
1 Handvoll Dill
1 Zitrone
Tabasco, Pfeffer, Salz

Nährwerte p. P.

253 kcal
11 g Kohlenhydrate
15 g Fett
14 g Eiweiß

1 Schneiden Sie die Kräuter fein und pressen Sie die Zitrone aus. Weichen Sie die Gelatine in etwas Wasser ein.

2 In der Zwischenzeit verrühren Sie Magerquark, Buttermilch, Zitronensaft und die Kräuter.

3 Die weiche Gelatine muss leicht erwärmt und mit etwas Quarkmasse verdünnt werden. Mischen Sie mit einem Schneebesen die Gelatine-Mischung unter die restliche Quarkmasse. Schmecken Sie die Mischung mit Salz, Pfeffer und Tabasco ab.

4 Füllen Sie die Masse in Formen oder andere passende Behälter und lassen Sie sie über Nacht fest werden.

5 Zum Servieren stellen Sie die Terrine samt Form in ein warmes Wasserbad und stürzen sie nach einigen Minuten auf einen Teller. Dazu passen fruchtige Sommersalate und warmes Zwiebel-Ciabatta.

KABELJAU UND LACHS

10 Port.

30 Min.

Leicht

Zutaten

500 g Kabeljau
250 g Lachs
1 Zwiebel (klein)
1 Möhre
2 Eier
170 ml Wasser
1 EL Öl
3 EL Petersilie (fein gehackt)
2 EL Dill (fein gehackt)
½ TL Pfeffer (schwarz, gemahlen)
1 ½ TL Salz

Nährwerte p. P.

156 kcal
1 g Kohlenhydrate
5 g Fett
22 g Eiweiß

1 Heizen Sie den Backofen auf 190 °C vor und stellen Sie eine geeignete Backform bereit, diese sollte nicht haftend und am besten aus Silikon sein. Der Fisch muss in handliche Stücke geschnitten und halb gefroren sein, damit die weitere Verarbeitung einfacher ist.

2 Schneiden Sie die Zwiebel und die Möhre sehr fein und glasieren Sie beides in einer Pfanne mit etwas Öl.

3 Verarbeiten Sie den Kabeljau, den Lachs sowie alle Gewürze und Kräuter mit den Eiern in der Küchenmaschine, bis die Masse homogen erscheint. Die glasierten Möhren, Zwiebeln und das Wasser sollten nach und nach hinzugefügt werden.

4 Die Terrine muss in einer Bain-Marie gegart werden. Decken Sie die gefüllte Form mit Alufolie ab und stellen Sie diese für eine Stunde in den vorgeheizten Ofen.

5 Vor dem Servieren kühlen Sie die Terrine für mindestens 4 Stunden und stürzen Sie dann auf eine Platte. Mit Baguettescheiben und Frühlingsgemüse macht sich diese Fischterrine gut als Horsd'œuvre.

SOMMERLICHE HÄHNCHENTERRINE MIT APRIKOSEN

 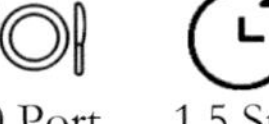 

10 Port. 1,5 Std. Mittel

Zutaten

1 kg Hähnchenkeulen (ohne Haut, am Knochen)
2 Hähnchenbrüste (ohne Haut)
500 ml Hühnerbrühe
50 g Aprikosen (weich, getrocknet)
5 Blätter Gelatine
2 Lorbeerblätter
1 Handvoll Thymianzweige
1 Handvoll Petersilie (glatt)
2 Stängel Lauch
50 g Räucherschinken (in Streifen, gut durchwachsen) o. Pancetta
6 Pfefferkörner
2 EL Butter
2 Schalotten
1 Knoblauchzehe
3 EL Brandy
Salz, Pfeffer

Nährwerte p. P.

256 kcal
3 g Kohlenhydrate
12 g Fett
30 g Eiweiß

1 Bereiten Sie das Gemüse vor, indem Sie den Lauch putzen und in feine Streifen schneiden. Die Reste nicht entsorgen. Schneiden Sie die Schalotten und die Aprikosen fein.

2 Die Hähnchenkeulen werden in der Brühe mit den Lauchresten, den Pfefferkörnern, der Hälfte der Kräuter und etwas Salz bei mittlerer Hitze ca. 30 Minuten gekocht. Sollte der Fond das Fleisch nicht bedecken, gießen Sie etwas Wasser dazu.

3 In der Zwischenzeit kann eine passende Form mit Folie ausgelegt werden. Die Butter in einer Pfanne zerlassen und darin die Schalotten, den Lauch und den Schinken anbraten. Geben Sie nach Geschmack Knoblauch, Salz und Pfeffer dazu.

4 Kochen Sie die Hähnchenbrüste mit den Keulen für weitere 20 Minuten. Sollte zu viel Flüssigkeit verdampft sein, gießen Sie Wasser nach, bis das Fleisch bedeckt ist. Nachdem die Brühe aufkocht, drehen Sie die Temperatur erneut auf mittlere Stufe.

5 Sobald das Fleisch von den Knochen leicht zu lösen ist, nehmen Sie den Topf vom Herd und lassen es in einer extra Schüssel abkühlen. Gießen Sie die Brühe durch ein Sieb, damit sie möglichst klar ist.

6 Entfernen Sie die Knochen und Knorpel von den Keulenstücken und hacken Sie Brustfilet und Keulenfleisch fein. Die Gelatine darf in der Zwischenzeit in kaltem Wasser quellen. Mischen Sie Aprikosen, Brandy und gehackte Petersilie mit dem Fleisch, danach mit der angebratenen Lauch-Basis.

7 Die weichen Gelatineblätter verdünnen Sie mit etwas von der warmen Brühe (ca. 300 ml). Sollte noch etwas übrig bleiben, kann es anderweitig verwertet werden.

8 Die Fleischmasse und die verdünnte Gelatine werden in die ausgelegte Form geschichtet.

9 Die Terrine muss über Nacht auskühlen und kann, sobald die Gelatine fest ist, zusammen mit gegrilltem Baguette sowie verschiedenen Salaten serviert werden.

RÄUCHERLACHS MIT FRISCHKÄSE

10 Port. 50 Min. Leicht

Zutaten

600 g Räucherlachs
600 g Frischkäse
150 ml Sahne
1 Zitrone (Abrieb/Saft)
1 EL Dill (gehackt)
2 EL Schnittlauch (gehackt)
1 EL Olivenöl
Salz, Pfeffer

Nährwerte p. P.

426 kcal
0 g Kohlenhydrate
40 g Fett
17 g Eiweiß

1 Verrühren Sie Frischkäse, Sahne, Zitronenabrieb und -saft in einer Küchenmaschine.

2 Geben Sie die gehackten Kräuter sowie etwas Salz und Pfeffer dazu.

3 Legen Sie eine eingeölte Form mit Frischhaltefolie aus und schichten Sie darin abwechselnd Lachs und Frischkäsemischung. Die erste und letzte Schicht sollte Räucherlachs sein.

4 Fest in die Folie gewickelt und leicht beschwert, muss die Terrine über Nacht durchziehen.

HÜHNERLEBER MIT ÄPFELN

8 Port.

45 Min.

Leicht

Zutaten

800 g Hühnerleber
2 Äpfel
1 Zwiebel
8 kleine Knoblauchzehen
500 ml Sahne
(> 35 % Fett)
¼ TL Salz
1 Handvoll Thymianzweige
Pfeffer

Nährwerte p. P.

378 kcal
10 g Kohlenhydrate
28 g Fett
24 g Eiweiß

1 Schälen Sie die Knoblauchzehen und die Zwiebel. Erstere werden grob in Stückchen geschnitten, letztere wird fein gehackt.

2 Schälen und würfeln Sie die Äpfel ca. 1 cm groß.

3 Säubern Sie die Leber und schneiden Sie sie in handliche Stücke.

4 Braten Sie Knoblauch, Zwiebel und Äpfel goldig. Die Leber kann dazugegeben werden und muss ebenfalls rundum Farbe annehmen.

5 Gießen Sie die Sahne dazu und schmecken Sie alles mit Salz, Pfeffer und Thymian ab.

6 Nachdem die Sahne etwas eingeköchelt und die Äpfel weich geworden sind, lassen Sie die Masse leicht abkühlen.

7 Pürieren Sie alles mit dem Mixstab oder in einer Küchenmaschine und füllen Sie die Pastete in Förmchen. Nach dem Abkühlen können dazu Graubrot und marinierte Zwiebelringe serviert werden.

WILDTERRINE

 8 Port.  2,5 Std.  Leicht

Zutaten

900 g Wild (Reh, Hirsch, Ente, mager)
452 g grobe Wurstfarce (fettig)
350 g Bacon
25 g Semmelbrösel o. Brotkrumen
3 EL Petersilie (fein gehackt)
1 Prise Thymian (getrocknet)
1 TL Muskatblüte (Macis)
2 Knoblauchzehen (gepresst)
1 Ei
100 ml Port
Salz, Pfeffer
2 EL Öl

Nährwerte p. P.

684 kcal
5 g Kohlenhydrate
48 g Fett
54 g Eiweiß

1 Mischen Sie in einer großen Schüssel Farce, Brösel, Petersilie, Thymian, Macis, Knoblauch, Ei und Port. Würzen Sie die Masse mit Salz und Pfeffer.

2 Legen Sie eine Kastenform oder Terrine mit den Baconstreifen dünn aus, sodass etwas davon überhängt.

3 Braten Sie die Wildstücke in etwas Öl an, bis sie Farbe bekommen.

4 Heizen Sie den Ofen auf 160 °C vor und stellen Sie eine Bain-Marie bereit.

5 Schichten Sie die Farce-Mischung in drei Portionen abwechselnd mit dem Wildfleisch in die Form und bedecken Sie sie mit Bacon und zwei Lagen Alufolie.

6 Die Terrine gart ca. 90 Minuten. Messen Sie die innere Temperatur mit einem Fleischthermometer (> 80 °C).

7 Zum Abkühlen beschweren Sie die Terrine mit 2 Dosen Tomaten und stellen sie über Nacht in den Kühlschrank.

8 Dazu passen klassische eine Preiselbeersoße und Kartoffelgerichte als Beilage.

RÖSTGEMÜSE IN SCHICHTEN

6 Port.

40 Min.

Leicht

Zutaten

400 g Paprika (verschiedene Farben)
200 g Zucchini
1 Aubergine
100 g rote Zwiebelringe
400 ml Tomatensaft
75 g Rosinen
1 EL Tomatenmark
1 EL Rotweinessig
6 EL Olivenöl
2 EL Gelatinepulver
Salz, Pfeffer

Nährwerte p. P.

236 kcal
15 g Kohlenhydrate
16 g Fett
4 g Eiweiß

1 Grillen Sie die Paprika im Ofen (Grillfunktion/200 °C), bis die Schale leicht schwarz wird und das Fruchtfleisch sehr weich ist. Nach dem Abkühlen schälen Sie die Paprika und schneiden sie in gleichmäßige Streifen.

2 Schneiden Sie Zucchini und Aubergine längs in dünne Scheiben und legen Sie sie auf einem Blech aus. Mit Öl benetzt müssen sie ebenfalls im Ofen geröstet werden. Wenden Sie die Scheiben, damit sie beidseitig goldbraun sind.

3 In der Zwischenzeit rösten Sie die Zwiebelringe mit Rosinen, Olivenöl, Rotweinessig und Tomatenmark in der Pfanne an, bis sie gut Farbe annehmen. Nach ca. 30 Minuten bei niedriger Hitze und geschlossenem Deckel sollte die Mischung karamellisiert und zu einer braunen, aromatischen Masse reduziert sein.

4 Bestreichen Sie eine Kastenform mit Öl und legen Sie sie mit Frischhaltefolie aus. Rühren Sie das Gelatinepulver in 200 ml Tomatensaft und erwärmen Sie das Ganze auf kleiner Flamme.

5 Schichten Sie das gegrillte Gemüse dünn in die Form, wobei jede Schicht zwischendurch mit dem Gelatinesaft bestrichen und mit Salz und Pfeffer bestreut wird. Mischen Sie den restlichen Tomatensaft in den Topf und gießen Sie ihn in die Terrine, bis sie randvoll ist.

6 Über Nacht wird die Gelatine fest und die Gemüseterrine kann als Beilage zu Lammkoteletts mit Kartoffelpüree serviert werden. Anschließend den Spitzkohl hobeln und die Eier mit dem Wasser mischen

WILDSCHWEINTERRINE

8 Port.

2 Std.
40 Min.

Mittel

Zutaten

2 kg Wildschweinfleisch
350 g Wurstfarce (grob)
200 g Kalbshack
2 Schalotten
1 Möhre
12 Wacholderbeeren
1 l Weißwein (trocken)
2 EL Armagnac
(franz. Brandy)
4 große Baconstreifen
Kräutersäckchen
(z. B. Petersilienstängel,
Lorbeerblatt, Thymian,
Salbei, Rosmarin)
Salz, Pfeffer

Nährwerte p. P.

705 kcal
3 g Kohlenhydrate
42 g Fett
56 g Eiweiß

1 Schneiden Sie die Schalotten und die Möhre in feine Würfel. Bearbeiten Sie die Wacholderbeeren im Mörser und schneiden Sie das Wild in dünne Streifen.

2 Marinieren Sie das Wildfleisch für 24 Stunden mit den Gewürzen, den Beeren, den Schalotten- und Möhrenwürfeln und dem Kräutersäckchen in Weißwein und Brandy.

3 Heizen Sie den Ofen auf 180 °C vor und tupfen Sie das eingelegte Fleisch trocken.

4 Legen Sie die Form mit einigen Baconstreifen aus und schichten Sie Wurstfarce, Kalbshack und Wildstreifen. Geben Sie auf jede Schicht Hack eine Prise Salz und Pfeffer. Bedecken Sie die Terrine mit dem restlichen Speck.

5 Im Ofen gart das Fleisch ca. 120 Minuten. Nach dem Abkühlen mit Roter Bete, Rotweinsoße und frischem Chicoréesalat servieren.

Pasteten

PÂTÉ MIT TRÜFFEL-ÖL & PANCETTA

 6 Port.
 4 Std.
 Schwer

Zutaten

550 g Schweinebauch (ohne Haut, durchwachsen)
120 g Schweineschulter (durchwachsen)
120 g Kalb (mager)
70 g Pancetta
4 Hühnerlebern
1 Zwiebel
6 Knoblauchzehen
2 Schalotten
60 ml Sahne
60 ml Cognac
2 EL Portwein
1 Ei
Einige Streifen Prosciutto (zum Auslegen der Form)

Zum Verfeinern:
Trüffel-Öl, Trüffel-Salz
70 g geröstete Walnüsse
1 EL Sherry
4 Champignons (braun, klein)
1 EL Olivenöl

Gewürzmischung:
1 TL Nelkenpulver
10 Wacholderbeeren (zerstoßen)
1 TL Piment (gemahlen)
1 TL Muskatnuss
1 TL Ingwerpulver
1 TL Koriandersamen (zerstoßen)
½ TL Zimt
1 TL Thymianblätter (getrocknet)
1 EL Pfefferkörner (schwarz, zerstoßen)
1 EL Salz

1 Sollten Sie das Fleisch bereits gewolft beim Metzger erwerben können, wäre es von Vorteil. Ansonsten lassen Sie die Stücke kurz im Gefrierfach liegen, damit sie etwa zu 70 % gefrieren, und verarbeiten Sie sie dann zu Farce. Der Pancetta kann einfach fein geschnitten und untergemengt werden.

2 Während das Fleisch auskühlt, marinieren Sie die Leber im Cognac für mindestens 3 Stunden. Danach zerkleinern Sie sie zusammen mit dem geschälten Knoblauch, den Schalotten, der Zwiebel, dem Portwein, der Sahne und dem Ei in der Küchenmaschine.

3 Die Gewürzmischung sollte frisch zusammengestellt werden. Rösten Sie Pfefferkörner, Wacholderbeeren, Koriandersamen, Zimt und Nelkenpulver an und zerkleinern Sie alles mit den übrigen Gewürzen im Mörser oder mit der Mühle. Würzen Sie vorsichtig nach Ihrem Geschmack, da die Mischung sehr intensiv ist.

4 Die marinierte Leber, das gewolfte Fleisch und eine angemessene Menge der Gewürzmischung werden gründlich vermengt, bis sie bindig erscheinen. Das Abschmecken verlangt Fingerspitzengefühl, denn dazu braten Sie eine kleine Menge kurz in der Pfanne und entscheiden dann, ob es Ihrem Geschmack entspricht. Das ist der Nachteil an frischen Gewürzen, der Vorteil ist das ausgeprägte Aroma.

Nährwerte p. P.

207 kcal
3 g Kohlenhydrate
28 g Fett
9 g Eiweiß

5 Stellen Sie die Farce abgedeckt über Nacht in den Kühlschrank zum Durchziehen.

6 Nach der Ruhezeit hacken Sie die Walnüsse grob und glasieren die klein geschnittenen Pilze in etwas Olivenöl. Löschen Sie das Ganze nach einigen Minuten mit Sherry ab. Schmecken Sie die Champignons mit Trüffelöl und -salz ab.

7 Damit die Pâté nicht an der Backform haftet, legen Sie diese mit ofenfester Folie aus. Anschließend legen Sie den Prosciutto abdeckend hinein, sodass die Enden überstehen.

8 Heizen Sie den Ofen auf 120 °C vor und stellen Sie eine Bain-Marie bereit. Das heiße Wasser darin muss die Pâté-Form bis zur Hälfte bedecken. Mischen Sie die Pilze in die durchgezogene Farce und geben Sie die Masse in die ausgelegte Form.

9 Die Pâté gart mit Alufolie abgedeckt in der Bain-Marie einige Stunden, bis die Temperatur im Inneren ca. 60 °C beträgt. Entfernen Sie dann die Alufolie und lassen Sie den Prosciutto unter dem Grill leicht knusprig werden. Die innere Temperatur darf 70 °C nicht übersteigen, sonst trocknet die Füllung aus. Stürzen Sie die Pâté, tupfen Sie ausgetretenes Fett mit einem Küchenpapier ab, wenn es noch warm ist, und wickeln Sie Frischhaltefolie darum, damit sie ihre Form hält.

10 Vor dem Servieren muss die Pâté, mit einem leichten Gewicht beschwert, für 12 Stunden im Kühlschrank ruhen.

HACKPASTETE MIT PFIFFERLINGEN

4 Port.

45 Min.

Leicht

Zutaten

Für den Teig:
250 g Mehl (Typ 45)
125 g Butter (weich)
2 Eier
½ TL Salz
1 Eigelb zum Bestreichen

Für die Farce:
200 g Rinderhack
150 g Kalbsleber (gewolft)
100 g Schweinehack (fettig)
100 g Pfifferlinge
100 g trockenes Weißbrot (gewürfelt)
4 EL Petersilie
1 EL Majoran
8 Frühlingszwiebeln
1 Ei
75 ml Rinderfond/Brühe
75 ml Milch
Etwas Butter zum Anbraten
Salz, Pfeffer, Muskat

Nährwerte p. P.

516 kcal
51 g Kohlenhydrate
25 g Fett
19 g Eiweiß

1 Bereiten Sie den Mürbeteig am Vortag vor oder lassen Sie ihn nach dem Kneten mindestens 2 Stunden in Folie gewickelt im Kühlschrank ruhen. Für Mürbeteig werden einfach alle Zutaten vermengt und einige Minuten geknetet, bis man den Teig zu einem weichen Ball formen kann.

2 Hacken Sie den festen Teil der Frühlingszwiebeln in Ringe und schneiden Sie die Pfifferlinge klein. Braten Sie beides in einer Pfanne mit etwas Butter an.

3 Mischen Sie Milch, Ei, Kräuter und Brotwürfel. Das gesamte Fleisch, die Leber und die Zwiebel-Pilz-Mischung werden untergemengt. Schmecken Sie die Farce mit Salz, Pfeffer und Muskat ab. Für eine lockere Konsistenz geben Sie einige Esslöffel Fond hinzu.

4 Rollen Sie den Teig 1 cm dick aus und fetten Sie eine Kastenform mit Butter ein (mit Backpapier auslegen). Platzieren Sie den Teig so, dass eine Seite länger ist und umgeschlagen werden kann. Die andere Seite sollte auf Höhe der Kastenform sein, damit der Deckel später versiegelt werden kann.

5 Heizen Sie den Ofen auf 200 °C vor. Füllen Sie die Farce in die ausgelegte Form und verschließen Sie den Teig rundum.

6 Backen Sie die Pastete 30 Minuten. Der Deckel wird 10 Minuten vor Ende der Zeit mit Eigelb bestrichen. Nach dem Abkühlen kann die Pastete zu Wurzelgemüse-Püree mit dunklen Soßen gereicht werden.

SCHWEINELEBER-PASTETE IM SPECKMANTEL

10 Port.

2 Std.

Mittel

Zutaten

500 g grobes Schweinehackfleisch
250 g grüner Speck (gewolft)
250 g Schweineleber
2 Knoblauchzehen, gehackt
2 Thymianzweige (nur die Blätter)
¼ TL Ingwerpulver
¼ TL Muskatnuss
¼ TL Nelken (gemahlen)
½ TL Pfeffer (gemahlen, schwarz)
5 EL Brandy
1 TL Butter
2 Schalotten
1 Ei
2 EL Schlagsahne
1 TL Salz
2 EL eingelegte grüne Pfefferkörner (optional)
Dünne Speckstreifen zum Auslegen der Backform

1 Die beste Wahl für das Fleisch treffen Sie beim Metzger Ihres Vertrauens, denn für die Pastete benötigen Sie ein durchwachsenes Stück aus der Schulter und guten Speck (nicht geräuchert). Lassen Sie es vom Metzger wolfen, weil herkömmliche Küchenmaschinen Fleisch und Fett nicht so gut zerkleinern können und das Ergebnis eher eine breiige Konsistenz bekommt. Das Hack sollte eine Körnung wie für grobe Knacker haben und darf nicht zu homogen erscheinen.

2 Die Leber kann im Küchenmixer schnell zerkleinert werden. Mischen Sie diese anschließend in einer Schüssel mit dem Hack, den Gewürzen, dem Knoblauch und dem Brandy gut durch und stellen Sie die Masse über Nacht zum Durchziehen in den Kühlschrank.

3 Braten Sie die Schalotten fein geschnitten in der Butter an und lassen Sie sie abkühlen. In der Zwischenzeit kann die Bratenform dicht mit den dünnen Speckstreifen ausgelegt werden, diese sollten etwas überstehen, damit sie später die Pastete ummanteln. Ei, Schlagsahne und Schalotten müssen gründlich in das Brät gemischt werden. Nach Belieben können Sie die grünen Pfefferkörner oder andere Geschmacksnoten (Walnüsse, getrocknete Früchte) in diesem Schritt hinzufügen.

Nährwerte p. P.

314 kcal
4 g Kohlenhydrate
27 g Fett
14 g Eiweiß

4 Der Ofen kann auf 170 °C vorgeheizt werden.

5 Sind alle Zutaten für die Pastete verrührt, sollten Sie etwas von der Mischung anbraten, um sie abschmecken zu können. Würzen Sie, wenn nötig, nach.

6 Füllen Sie die Form kompakt bis zum Rand und legen Sie die Enden der Speckstreifen darüber. Abgedeckt mit Backpapier und Alufolie kann sie in den Ofen.

7 Damit die Pastete gleichmäßig gart und nicht austrocknet, stellen Sie sie in eine Bain-Marie. Das warme Wasser sollte fast bis zum Rand der Form reichen.

8 Die Garzeit richtet sich nach der Größe der Backform, prüfen Sie die Temperatur im Inneren mit einem Fleischthermometer, um sicherzugehen (> 60 °C), nach ca. 75 Minuten.

9 Zum Abkühlen beschweren Sie die Pastete in der Form mit einem leichten Gewicht für mindestens 2 Stunden. Danach sollte sie im Kühlschrank über Nacht durchziehen, dabei bleiben die Gewichte aufgelegt.

10 Vor dem Servieren kippen Sie die Pastete auf einen Teller und lassen sie 30 Minuten bei Zimmertemperatur abgedeckt stehen. Dazu passt eingelegtes Gemüse und warmes Baguette oder karamellisierte Rote Bete mit Bauernbrot.

PÂTÉ ITALIANO

6 Port.

1 Std.
10 Min.

Leicht

Zutaten

300 g Hühnerleber
400 g Schweinehackfleisch (mager)
300 g Salsiccia (grobe ital. Schweinewurst)
1 EL Schnittlauch (gehackt)
1 EL Petersilie (gehackt)
1 EL Pfeffer
½ TL Ingwerpulver
½ TL Zimt
½ TL Salz
2 EL Brandy
1 EL Sherry (trocken)
10 Streifen Speck (Bacon, roh)

Nährwerte p. P.

399 kcal
2 g Kohlenhydrate
29 g Fett
32 g Eiweiß

1 Zerkleinern Sie die Leber, das Schweinefleisch und die Farce aus den Würsten in der Küchenmaschine zu einer Masse. Geben Sie die restlichen Zutaten (außer die Speckstreifen) ebenfalls in die Maschine und mengen Sie alles gut durch.

2 Legen Sie eine Kastenform mit Bacon aus und füllen Sie die Hack-Masse kompakt hinein. Legen Sie eine Schicht Speck obenauf.

3 Die Pastete gart im Ofen bei 190 °C in einer Bain-Marie ca. 2,5 Stunden.

4 Zum Auskühlen beschweren Sie die Pastete in der Form mit einigen Dosen. Sie muss über Nacht durchziehen und kann dann mit verschiedenen Salaten, Kräuter-Ciabatta und Balsamico-Dressing serviert werden.

ENGLISCHE FLEISCHPASTETE

6 Port.

2 Std.
10 Min.

Mittel

Zutaten

Für den Teig:
450 g Weizenmehl
2 TL Backpulver
1 TL Salz
125 g Butter
2 Eigelb
125 ml Eiswasser

Für die Füllung:
450 g Kartoffeln
150 g Steckrüben
150 g Zwiebeln
300 g Lende o. Saumfleisch (mager)
1 TL Salz
1 TL Pfeffer (schwarz, gemahlen)
3 EL Butter
1 Ei

Nährwerte p. P.

669 kcal
36 g Kohlenhydrate
39 g Fett
11 g Eiweiß

1 Mischen Sie Mehl, Salz und Backpulver in einer Schüssel und mengen Sie mit dem Handrührgerät die Butter unter. Zum Schluss kommt das Eigelb hinzu. Gießen Sie danach langsam das Eiswasser hinein, bis der Teig einen Klumpen formt. In Frischhaltefolie gewickelt muss er für eine Stunde im Kühlschrank ruhen.

2 Bereiten Sie in der Zeit die Zutaten für die Füllung vor. Fleisch, Zwiebeln, Steckrüben und Kartoffeln müssen in sehr kleine Würfel geschnitten und in einer Schüssel mit den Gewürzen vermischt werden.

3 Nach der Ruhezeit rollen Sie den Teig auf 3-5 mm Dicke und schneiden große Kreise (ca. 20 cm Ø) aus. Hierfür nutzen Sie am besten einen Teller als Schablone.

4 Verquirlen Sie das Ei mit einem Teelöffel Wasser mit der Gabel und heizen Sie den Backofen auf 200 °C vor. Legen Sie jeweils eine Handvoll der Fleischmischung auf eine Hälfte der Teigkreise, wobei am Rand 2 cm frei bleiben müssen.

5 Bestreichen Sie den Saum dünn mit dem aufgeschlagenen Ei und legen Sie einen Teelöffel Butter auf die Füllung.

6 Verschließen Sie die Teigtaschen, indem Sie den Rand entlang mit der Gabel den Teig leicht andrücken, oder falten Sie den Saum überlappend zur Füllung hin zu einer Bordüre. Anleitungen hierzu gibt es im Videoformat zum Nachmachen. Bestreichen Sie die Pasteten mit dem übrigen Ei und schneiden Sie den Teig mit dem Messer ein, damit Dampf entweichen kann.

7 Backen Sie die Fleischpasteten, bis der Teigmantel goldbraun ist (ca. 50 Minuten). Mit einem frischen Salat und Sour Cream serviert, schmecken die englischen Fleischtaschen am besten.

PORTUGISISCHE RISSOLES (FLEISCHTASCHEN)

20 Port. (40 Stk)

1 Std. 40 Min.

Leicht

Zutaten

Für den Teig:
500 g Weizenmehl (durchgesiebt)
800 ml Wasser
1 EL Margarine
2 Eier
Salz

Für die Füllung:
200 g Rinderhack
200 g Schweinehack
1 Zwiebel
3 Knoblauchzehen
50 ml Olivenöl
1 Handvoll Petersilie (grob gehackt)
Prise Salz, Pfeffer und Muskat

Paniermehl
Öl zum Frittieren

Nährwerte p. P.

180 kcal
21 g Kohlenhydrate
8 g Fett
7 g Eiweiß

1 Bringen Sie in einer Pfanne Wasser, Margarine und eine Prise Salz zum Köcheln. Rühren Sie das Mehl ein, bis der Teig einen Klumpen formt. Lassen Sie ihn abkühlen.

2 Schneiden Sie in der Zwischenzeit Zwiebel und Knoblauch in feine Würfel und braten Sie beides mit dem Hack in etwas Olivenöl an. Schmecken Sie das Fleisch mit Salz, Pfeffer und Muskat ab. Die Petersilie kann zum Schluss dazugegeben werden.

3 Rollen Sie den Teig dünn aus und stechen Sie kleine Kreise aus.

4 Geben Sie einen Esslöffel Füllung auf eine Hälfte und verschließen Sie die Taschen.

5 Verquirlen Sie die Eier mit einer Gabel und tunken Sie die Fleischtaschen hinein, ummanteln Sie sie dann mit Paniermehl.

6 Erhitzen Sie das Öl in einem hohen Topf und frittieren Sie die Rissole darin, bis sie goldbraun sind. Da die Füllung bereits gar ist, müssen sie nur einige Minuten im Öl liegen.

HÄPPCHEN MIT CAMEMBERT

10 - 15 Port.

30 Min.

Leicht

Zutaten

450 g Blätterteig
3 EL weiche Butter
1 Eigelb
2 EL Milch
450 g Camembert
50 g Walnüsse (geröstet, gehackt)

Nährwerte p. P.

249 kcal
9 g Kohlenhydrate
21 g Fett
9 g Eiweiß

1 Lassen Sie den Blätterteig ausgelegt auftauen, damit die Blätter nicht verkleben.

2 Der aufgetaute Teig wird mit der weichen Butter dünn bestrichen und jeweils in fünf Lagen aufeinandergeschichtet. Stechen Sie kleine Kreise aus, verquirlen Sie Eigelb und Milch und benetzten Sie die Teigkreise damit leicht und streuen Sie die Walnüsse darauf.

3 Backen Sie den Blätterteig danach nach Packungsanweisung.

4 In der Zwischenzeit entfernen Sie die Rinde vom Camembert und schneiden diesen in dünne Scheiben in der Größe der Teigkreise.

5 Die warmen Blätterteigpasteten müssen vorsichtig in der Mitte durchgeschnitten werden, sodass sie einen Deckel und einen Boden bilden.

6 Der Käse wird als Füllung zwischen die Hälften gelegt. Der warme Teig lässt den Camembert leicht schmelzen, wenn gewünscht, können Sie die Häppchen kurz vor dem Servieren noch einmal kurz in den heißen Ofen stellen.

GEMÜSEPASTETE

6 Port.

1 Std. 20 Min.

Leicht

Zutaten

225 g Mehl
155 g Butter
1 Zwiebel
1 EL Wasser (kalt)
1 Eigelb
2 TL Zitronensaft
300 g Kartoffeln (gerieben, roh)
250 g Kürbis
100 g Reibekäse (z. B. Emmentaler)
½ TL Muskat
1 Dose Mais
Salz

Nährwerte p. P.

478 kcal
40 g Kohlenhydrate
30 g Fett
12 g Eiweiß

1 Kneten Sie Mehl, Eigelb, Eiswasser, Salz, Zitronensaft und 125 g Butter zu einem Teig. Lassen Sie die Kugel in Frischhaltefolie gewickelt 30 Minuten im Kühlschrank liegen.

2 Schneiden Sie Zwiebel und Kürbis in feine Würfel und braten Sie ersteres in der restlichen Butter glasig. Geben Sie die Kürbiswürfel dazu und dünsten Sie beides, bis es weich ist.

3 Rollen Sie den Teig zwischen zwei Lagen Backpapier ca. 1,5 cm dick aus. Legen Sie eine eingefettete Form damit aus und schneiden Sie die Ränder gerade.

4 Backen Sie den Boden bei 210 °C mit Backperlen beschwert 10 Minuten.

5 Würzen Sie die rohen Kartoffelraspeln mit Muskat und Salz. Verteilen Sie eine dünne Schicht auf dem Teigboden und geben Sie ihn erneut für 15 Minuten in den Ofen.

6 Füllen Sie die Form mit der Zwiebel-Kürbis-Mischung, Mais und dem geriebenen Käse.

7 Die Pastete kann mit dem restlichen Teig bedeckt oder nur dekoriert werden. Backen Sie sie für weitere 30 Minuten.

REHRÜCKEN IM MANTEL

   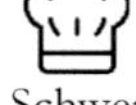

10 - 12 Port. | 2 Std. | Schwer

Zutaten

Für den Teig:
325 g Mehl
1 TL Salz
1 Eiweiß
175 g Butter
Prise Salz, Pfeffer, Muskat
1 Eigelb zum Bestreichen

Für die Farce:
250 g Rehfleisch (nicht zu mager)
100 g mageres Schweinefleisch
200 g grüner Speck
1 TL Wacholderbeeren
3 EL Pistazien
1 Msp. Nelken (gemahlen)
1 Msp. Ingwerpulver
2 TL Zitrusabrieb (Zitrone, Orange)
Saft 1 Orange, ½ Zitrone
Salz, Pfeffer
200 g Filet (Reh)
1 EL Öl mit 1 EL Butter
Etwas Zitrussaft

Nährwerte p. P.

385 kcal
48 g Kohlenhydrate
42 g Fett
15 g Eiweiß

1 Schneiden Sie Rehfleisch, Schweinefleisch und Speck in 1 cm kleine Würfel und stellen Sie die Fleischstücke kalt, den Speck in das Gefrierfach geben.

2 Marinieren Sie für einige Stunden Speck und Fleisch im Saft und Abrieb der Zitrusfrüchte (jeweils die Hälfte des Saftes verwenden) mit Salz, Pfeffer, den Wacholderbeeren (zerdrückt), dem Muskat, den gemahlenen Nelken und dem Ingwerpulver.

3 Braten Sie das gesäuberte Filet in Butter bei starker Flamme rundum an. Geben Sie den restlichen Saft der Zitrusfrüchte zum Reduzieren hinein, sobald das Fleisch braun ist. Lassen Sie es anschließend auskühlen. Mischen Sie für den Teigmantel Mehl, Salz, Eiweiß, Wasser (ca. 5 EL) und grob gehackte Butter zu einem Klumpen.

4 Fetten Sie eine Kastenform ein und rollen Sie den Teig 0,5 cm dünn aus. Legen Sie die Form damit aus, sodass genügend Teig für den Deckel übersteht. Das gewürfelte, gut gekühlte Fleisch und den halbgefrorenen Speck in Portionen im Küchengerät sehr fein zerkleinern. Die Farce mit Salz und Pfeffer nachwürzen. Hacken Sie die Pistazien grob und mengen Sie sie in die Farce.

5 Heizen Sie den Backofen auf 220 °C vor. Füllen Sie die Hälfte der Farce in die Form, legen Sie das Filet in die Mitte und schichten Sie die restliche Füllung kompakt hinein. Verschließen Sie den Deckel und bestreichen Sie ihn mit einem verquirlten Eigelb.

6 Backen Sie die Pastete für 15 Minuten bei 220 °C und dann für 40 Minuten bei 180 °C. Abgekühlt und in Scheiben geschnitten, servieren Sie dazu dunkle Soße und Gemüseragout.

LEBERPASTETE

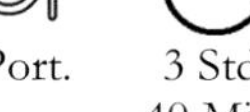

6 Port. 3 Std. 40 Min. Mittel

Zutaten

2 kg Schweinebauch (durchwachsen)
1 kg Schweineleber
200 g Schmalz
400 g Zwiebeln
100 g Knoblauch
4 EL Majoran
40 g Salz
1 TL Pfeffer

Nährwerte p. P.

563 kcal
13 g Kohlenhydrate
56 g Fett
3 g Eiweiß

1 Braten Sie den Schweinebauch in Stücken mit zwei Esslöffeln Schmalz goldbraun an. Das Fleisch soll anschließend im Backofen bei 180 °C vollständig garen.

2 In der Zwischenzeit säubern Sie die Leber und zerkleinern sie sehr fein mit dem Fleischwolf.

3 Der Schweinebauch darf leicht abkühlen und dann ebenfalls fein zerkleinert werden.

4 Schneiden Sie Zwiebeln und Knoblauch klein und braten Sie beides mit dem restlichen Schmalz an.

5 Vermengen Sie die Leber-Mischung mit den Knoblauch- und Zwiebelstücken sowie mit den Gewürzen.

6 Füllen Sie die Pastete in Einmachgläser und lassen Sie sie im Wasserbad bei 150 °C für 90 Minuten einkochen.

KARIBISCHE KNUSPERTASCHEN

6 Port. 1 Std. 15 Min. Mittel

Zutaten

450 g mageres Rindfleisch (gehackt)
1 Zwiebel
5 Knoblauchzehen
½ grüne Paprika
½ rote Paprika
2-3 Pimientos (Paprikaschoten)
2 EL Koriander (fein gehackt)
1 TL Thymianblätter
2 ½ EL Tomatenmark
240 g Mehl
1 TL Salz
2 TL Zucker
1 TL Backpulver
200 g festes Pflanzenfett (z. B. Biskin)
120 ml Wasser
1 Ei
Frittieröl
Je eine Prise Salz, Pfeffer

Nährwerte p. P.

402 kcal
32 g Kohlenhydrate
23 g Fett
17 g Eiweiß

1 Schneiden Sie Zwiebel, Knoblauch und alle Paprikasorten sehr fein und braten Sie alles an, bis das Gemüse weich und leicht braun wird.

2 Geben Sie das Hackfleisch dazu und braten Sie es ebenfalls an. Würzen Sie die Mischung mit Salz und Pfeffer, Tomatenmark, Thymian und Koriander. Geben Sie einen Esslöffel Wasser dazu und mischen Sie alles gut durch.

3 Für den Teig vermengen Sie Mehl, Zucker, Salz, Backpulver und portionsweise das feste Pflanzenfett und das kalte Wasser, bis sich ein bröckeliger Teigklumpen formt. Diesen kneten Sie dann eine Minute lang gut mit den Händen durch. Wickeln Sie den Teig in Folie und lassen Sie ihn 1 Stunde ruhen.

4 Rollen Sie den Teig zu hauchdünnen Fladen aus und schneiden Sie etwa 10 cm große Kreise daraus. Nehmen Sie einen Teller als Schablone.

5 Legen Sie etwas von der Füllung in die Mitte des Teiges und verstreichen Sie sie. Dabei muss ein Rand freibleiben.

Verquirlen Sie das Ei und einen Esslöffel Wasser. Bestreichen Sie damit den Rand und versiegeln Sie ihn mit einer Gabel.

6 Erhitzen Sie das Frittieröl auf mittlerer Stufe und legen Sie die Fleischtaschen vorsichtig hinein. Sobald der Teig knusprig und braun ist, lassen Sie das Öl auf ein Papiertuch ablaufen und die Taschen abkühlen.

7 Servieren Sie dazu einen Sour-Cream-Dip mit scharfen Chilis und eine milde Soße mit Kräutern.

SCHNELLE HAUSFRAUEN-PASTETE

6 Port.

1 Std.
5 Min.

Mittel

Zutaten

Für den Teig:
200 g Schmand
150 g Mehl
3 Eier
1½ TL Backpulver
½ TL Salz

Für die Füllung:
500 g Hackfleisch (gemischt)
150 g Käse (gerieben, Gouda, Mozzarella)
2 Zwiebeln (klein)
1 Möhre
3 EL Öl
1 Prise Muskat
2 EL gemischte Kräuter (TK)
Salz, Pfeffer

Nährwerte p. P.

573 kcal
26 g Kohlenhydrate
37 g Fett
31 g Eiweiß

1 Rühren Sie alle Zutaten für den Teig zusammen. Er sollte eine Konsistenz wie für Pancakes haben (leicht flüssig, er darf aber nicht zu schnell verlaufen).

2 Schälen und zerkleinern Sie die Zwiebeln und die Möhre. Letzteres kann gerieben werden.

3 Karamellisieren Sie die Zwiebeln in etwas Öl in einer Pfanne und geben Sie die Möhrenstücke dazu, sobald die Zwiebeln leicht angebraten sind.

4 Nach 5 Minuten bei mittlerer Hitze drehen Sie auf hohe Stufe und braten das Hack in der Pfanne an. Es muss danach noch ca. 10 Minuten bei geschlossenem Deckel und schwacher Hitze schmoren.

5 Heizen Sie den Backofen auf 180 °C vor. Schmecken Sie die Mischung mit Muskat, Salz und Pfeffer ab. Nehmen Sie die Pfanne vom Herd und rühren Sie die Kräuter ein.

6 Während das Hack leicht abkühlt, bestreichen Sie eine Backform mit Öl und verteilen die Hälfte des Teiges darin.

7 Geben Sie die Füllung darüber und bestreuen Sie sie mit dem geriebenen Käse. Lassen Sie dabei außen einen schmalen Rand frei. Den restlichen Teig gießen Sie gleichmäßig darauf.

8 Die Pastete backt im Ofen 30-45 Minuten und ist durch, wenn ein Holzstäbchen nach dem Einstechen ohne Teigreste herauskommt.

9 Servieren Sie die Pastete heiß mit saurer Sahne als Dip oder zu einem saftigen Ratatouille.

BURGUNDER FÜLLUNG IM MÜRBETEIG

8 Port.

5 Std.

Mittel

Zutaten

Für die Füllung:
250 g Rindfleisch (Braten, durchwachsen)
200 ml Rotwein (kräftig, Merlot, Spätburgunder)
100 ml Wasser
60 g Pilze (Champignons)
50 g Baconwürfel
90 g Möhren
2 große Zwiebeln
¼ Knoblauchzehe
½ Zweig Rosmarin
1 Lorbeerblatt
1 Prise Nelkenpulver
¼ TL Thymian (getrocknet)
½ EL Speisestärke
Salz, Pfeffer
Öl o. braune Butter zum Anbraten

Für den Teig:
200 g Mehl
100 g Butter (grob gewürfelt)
4 EL Wasser
Prise Salz, Pfeffer, Muskat
1 Eigelb u. 2 EL Milch

1 Schneiden Sie das Fleisch in Gulasch-Würfel und braten Sie diese in einem Schmortopf kräftig an. Verwenden Sie neutrales Öl oder braune Butter dafür.

2 Schneiden Sie in der Zwischenzeit eine Zwiebel fein. Schälen Sie die andere Zwiebel und halbieren Sie sie. Die gesäuberten Möhren schneiden Sie in 5 mm dünne Scheiben. Mit der Klinge drücken Sie die Knoblauchzehe leicht an.

3 Geben Sie Zwiebelstücke, Möhren, Kräuter, Nelkenpulver und Knoblauch zum Fleisch, sobald es karamellisiert. Das Gemüse braten Sie kurz mit an. Löschen Sie es mit 170 ml Rotwein und 100 ml Wasser ab. Mischen Sie die Speisestärke mit einigen Löffeln Rotwein und rühren Sie diesen Mix ebenfalls in die Soße.

4 Bringen Sie die Flüssigkeit zum Köcheln und drehen Sie die Temperatur auf niedrige Stufe. Bei geschlossenem Deckel schmort das Fleisch mindestens zwei Stunden. Kurz vor Ende der Schmorzeit schneiden Sie die Pilze und den Speck klein. Braten Sie diese in der Pfanne scharf an und geben Sie sie in den Topf.

5 Das Fleisch sollte über Nacht kaltgestellt durchziehen. In der Zwischenzeit können Mehl, Butter, Salz, Pfeffer und Muskat grob vermengt werden. In der Küchenmaschine mit Knetaufsatz rühren Sie das Wasser löffelweise ein, bis der Teig einen Ball formt. Der sollte 30 Minuten kalt ruhen.

Nährwerte p. P.

402 kcal
32 g Kohlenhydrate
23 g Fett
17 g Eiweiß

6 Rollen Sie danach den Teig 1 cm dick aus. Daraus werden Kreise in der Größe der Förmchen ausgestochen. Rollen Sie den restlichen Teig erneut aus und schneiden Sie passende Deckelchen aus.

7 Befüllen Sie die Küchlein, bestreichen Sie jeweils den Rand mit etwas vom verquirlten Eigelb und verschließen Sie sie mit dem Deckel. Schneiden Sie ein kleines Loch hinein, damit Dampf entweichen kann. Heizen Sie den Ofen auf 180 °C (Umluft) vor.

8 Bepinseln Sie die Küchlein mit dem restlichen Eigelb. Mischen Sie vorher zwei Esslöffel Milch hinein, sodass der Teig knusprig wird.

9 Der Teig sollte innerhalb von 40 Minuten goldig und gar sein.

LACHSPÂTÉ

6 Port.

1,5 Std.

Leicht

Zutaten

600 g Lachs
400 ml Sahne
3 Eier
2 EL Dill (gehackt)
1 EL Dijon-Senf
1 EL Zitronensaft
1 Chili
Salz, Pfeffer

Nährwerte p. P.

473 kcal
4 g Kohlenhydrate
39 g Fett
27 g Eiweiß

1 Zerkleinern Sie Fisch, Chili, Eier, Sahne und Senf im Küchengerät zu einer homogenen Masse.

2 Schmecken Sie mit Dill, Salz, Zitronensaft und Pfeffer ab.

3 Legen Sie eine ofenfeste Form mit Backpapier aus und geben Sie die Pâté hinein.

4 Im Wasserbad gart sie ca. 60 Minuten bei 180 °C im Backofen.

5 Nach dem Auskühlen muss die Pâté über Nacht abgedeckt im Kühlschrank durchziehen.

EINFACHE KALBSLEBERPASTETE

10 Port.

1 Std.

Leicht

Zutaten

1 kg Kalbsleber
3 Zwiebeln
1 Möhre (groß)
2 TL Olivenöl
1 EL Butter (weich)
½ TL Muskat
3 Lorbeerblätter
1 Handvoll Dill
Salz, Pfefferkörner

Nährwerte p. P.

160 kcal
8 g Kohlenhydrate
5 g Fett
21 g Eiweiß

1 Säubern Sie die Leber und schneiden Sie sie in einheitliche Stücke, wie für einen Gulasch.

2 Schälen Sie Zwiebeln und Möhre. Zwei Zwiebeln werden in grobe Würfel geschnitten. Die Möhre kann vorher oder in der Zwischenzeit gekocht werden.

3 Bedecken Sie die Leber in einem Topf mit Wasser, dazu kommt eine halbierte Zwiebel und ein Lorbeerblatt. Garen Sie die Leber ca. 20 Minuten, bis sie durch ist. Gießen Sie den Sud nicht weg.

4 Die Zwiebelwürfel müssen in etwas Olivenöl leicht angebraten und danach mit einigen Löffeln vom Kochwasser gedünstet werden.

5 Zerstoßen Sie die restlichen Lorbeerblätter und einige Pfefferkörner im Mörser.

6 Verarbeiten Sie Leber, Butter, Zwiebeln, weiche Möhre, Lorbeerpulver und Dill in der Küchenmaschine zu einer Paste. Schmecken Sie sie mit Salz und Muskat ab. In Gläser portioniert, können Sie sie zu jedem Picknick mitbringen. Ein schönes frisches Brot und eingelegtes Gemüse passen wunderbar dazu.

Sülzen

RUSSISCHE SÜLZE AUS DREIERLEI

10 Port. 4 Std. Leicht

Zutaten

1 kg Schwein (Spitzbein, Stelzen)
500 g Rind (Beinscheibe, Ochsenschwanz)
200 g Hähnchen (Keulen oder Flügel)
2,5 l Wasser
3 Zwiebeln
3 Möhren
4 Lorbeerblätter
½ TL Pfefferkörner
1 EL Salz
1 Prise Knoblauchpulver

Nährwerte p. P.

354 kcal
0 g Kohlenhydrate
13 g Fett
10 g Eiweiß

1 Putzen Sie Möhren und Zwiebeln und geben Sie sie zusammen mit dem Fleisch, den Lorbeerblättern, dem Wasser und den Gewürzen in einen großen Topf.

2 Sobald der Sud leicht köchelt, muss die Temperatur auf mittlere Stufe heruntergedreht werden. Schöpfen Sie den Schaum ab und achten Sie darauf, dass das Wasser nicht überkocht.

3 Bildet der Sud keinen Schaum mehr, lassen Sie ihn abgedeckt bei niedriger Hitze mindestens 3 Stunden köcheln. Gießen Sie heißes Wasser nach, wenn mehr als ein Viertel verdampft ist.

4 Wenn Sie wissen wollen, ob das Fleisch fertig ist, können Sie das so überprüfen: Das Fleisch sollte sich mühelos mit einer Gabel von den Knochen lösen lassen, wenn dem so ist, kann es herausgenommen und zum Abkühlen beiseitegestellt werden.

5 Möhren, Zwiebeln, Lorbeerblätter und Pfefferkörner haben ihren Zweck erfüllt und können entfernt werden. Damit der Sud möglichst klar ist, sollten Sie ihn durch ein Sieb gießen.

6 Mit zwei Gabeln sollten Sie das abgekühlte Fleisch nun vom Knochen lösen können und es anschließend in kleinere Fetzen reißen.

Schmecken Sie den Sud und das ausgelöste Fleisch mit Salz, Knoblauch und Pfeffer ab.

7 Verteilen Sie das Fleisch zuerst gleichmäßig in einer flachen Form und gießen Sie den abgekühlten Sud langsam hinein, bis er die Fetzen knapp bedeckt. Füllen Sie auf diese Weise mehrere Behälter, wobei die Füllhöhe zwischen 5 und 8 Zentimetern betragen sollte. Im Kühlschrank geliert die Sülze über Nacht. Servieren Sie dazu eingelegte Gurken und Tomaten, Kartoffelsalat oder Brot und Sahnemeerrettich sowie scharfen Senf.

RINDERSÜLZE MIT GÜRKCHEN

4 Port.

3 Std.

Leicht

Zutaten

250 g Rindfleisch (Gulasch)
500 g Rinderbeinscheibe (mit Mark)
1 ½ l Rinderbrühe
12 Blätter Gelatine
1 Bund Suppengemüse
1 Zwiebel
1 Knoblauchzehe
1 Möhre
3 Gewürzgurken
20 g Salz
½ TL Pfefferkörner
90 ml Weißweinessig
2 Lorbeerblätter
1 Wacholderbeere
½ TL getrocknete Petersilie (optional)

Nährwerte p. P.

224 kcal
16 g Kohlenhydrate
4 g Fett
31 g Eiweiß

1 Kochen Sie Fleisch und Beinscheibe mit Suppengemüse, Zwiebel, Knoblauch, Pfefferkörnern, Lorbeerblättern, Wacholderbeere und Salz für mindestens 2 Stunden, bis das Fleisch sehr zart ist und vom Knochen fällt. Geben Sie zum Schluss eine ganze Möhre dazu, damit diese gar kocht.

2 Nehmen Sie das Fleisch aus dem Sud und zupfen Sie es in kleine Fetzen. In der Zwischenzeit kann die Gelatine in etwas kaltem Wasser eingeweicht werden.

3 Schneiden Sie einige Gewürzgurken und die gekochte Möhre in Stückchen.

4 Erwärmen Sie die klare Rinderbrühe und lösen Sie die Gelatine vollständig darin auf.

5 Gießen Sie den Sud durch ein Sieb und mischen Sie ihn mit der Brühe. Es ist wichtig, diese Basis mit Salz und Essig abzuschmecken und warm zu halten, damit sich die Gelatine nicht absetzt.

6 Verteilen Sie Gurken, Fleisch, Möhrenwürfel und (optional) getrocknete Petersilie in einer passenden Form und gießen Sie die Sudmischung vorsichtig darüber.

7 Die Sülze geliert im Kühlschrank nach mindestens 3 Stunden, besser wäre eine Ruhezeit über Nacht. Servieren Sie dazu Bratkartoffeln und eine frische Remoulade oder Graubrot, Meerrettich und Salat.

SÜß-SAURE SÜLZE

6 Port.

4 Std.

Schwer

Zutaten

500 g entsehntes Schweinefleisch (mager)
100 g Pökelsalz (mit 0,5 % Nitrit für die rosige Farbe)
1 Lorbeerblatt
5 Pfefferkörner
300 ml Wasser
60 ml Apfelsaft
75 g Aspikpulver
45 g Rohrzucker
65 ml Essig (5-prozentig)
30 g Zucker
2 EL feine Zwiebelwürfel

Nährwerte p. P.

122 kcal
7 g Kohlenhydrate
3 g Fett
17 g Eiweiß

1 Pökeln Sie das Fleisch am Stück in der Lake. Dafür lösen Sie das Pökelsalz in 1 L kaltem Wasser.

2 Kochen Sie 200 ml der Lake mit angestoßenen Pfefferkörnern und dem Lorbeerblatt kurz auf. Mischen Sie die kalte und die heiße Lake und lassen Sie das Gemisch 10 Minuten ruhen.

3 Wenn Sie eine Pökelspritze haben, verwenden Sie diese. Ansonsten stechen Sie das Fleisch mit einer langen Stricknadel oder dem Stab des Fleischthermometers einige Male rundum ein. Pökeln Sie es danach in der Lake für mindestens 12 Stunden.

4 Erhitzen Sie das gepökelte Fleisch in der Lake auf ca. 82 °C und drehen Sie die Hitzezufuhr danach auf niedrige Stufe. In dem Sud zieht das Fleisch für 9 Stunden durch.

5 Ist es wieder abgekühlt, schneiden oder zupfen Sie es in kleine Stückchen. Bereiten Sie den Aspik vor, indem Sie das Pulver mit 300 ml kaltem Wasser verrühren und quellen lassen.

6 Kochen Sie Apfelsaft, Essig, beide Zucker sowie die Zwiebelwürfel kurz auf. Diese Mischung muss auf unter 80 °C abkühlen, bevor die Aspik-Basis untergerührt wird. Verteilen Sie das Fleisch in Einmachgläser und gießen Sie Aspik darauf.

7 Im Wasserbad stehen die gefüllten Gläser mit Deckel für eine Stunde, wobei die Temperatur erneut nicht über 85 °C steigen darf, sonst verliert die Gelatine ihre Wirkung. Nach dem Abkühlen servieren Sie die Sülze mit Apfelmus und gebutterten Bratkartoffeln.

UNGARISCHER ASPIK

8 - 10 Port.

5 Std. 50 Min.

Leicht

Zutaten

3 Schweinestelzen (halbiert)
2 Haxen
500 g Schweineohren
300 g Schwarte
2 Möhren
2 Zwiebeln
5 Knoblauchzehen
9 Pfefferkörner
Salz

Nährwerte p. P.

104 kcal
2 g Kohlenhydrate
3 g Fett
13 g Eiweiß

1 Kochen Sie das gesäuberte Fleisch mit allen übrigen Zutaten zu einem ungesalzenen Sud. Es dauert 4-5 Stunden, bis Haut und Fleisch völlig weich sind, gießen Sie daher heißes Wasser nach, damit alles bedeckt bleibt.

2 Entnehmen Sie das Fleisch und lösen Sie die Knochen und Knorpel heraus. Schneiden Sie die zarten Stücke klein.

3 Der abgekühlte Sud wird gesalzen und gesiebt. Entfernen Sie so viel obenauf schwimmendes Fett wie möglich. Legen Sie das Sieb mit einigen Lagen Küchenpapier aus, um einen möglichst klaren und fettfreien Sud zu bekommen.

4 Verteilen Sie die Fleischstückchen gleichmäßig in einige Formen und fügen Sie die Brühe dazu.

5 Die Sülze muss über Nacht im Kalten stehen und kann mit etwas Paprika bestreut und Brot serviert werden.

FLEISCHSÜLZE FRANZÖSISCHER ART

8 Port.

6,5 Std.

Schwer

Zutaten

1 Schweinskopf (mit Ohren)
4 Lorbeerblätter
1 EL Pfefferkörner
9 Pimentkörner
8 Wacholderbeeren
1 EL Thymian (getrocknet)
2 Möhren
2 Stangen Sellerie
1 Zwiebel
3 Sternanis
120 ml Rotweinessig
240 ml Weißwein (trocken)
Salz
1 EL Gewürzmischung

Für die Gewürzmischung:
1 ½ TL weißer Pfeffer
½ TL Piment (gemahlen)
½ TL Nelke (gemahlen)
½ TL Muskat
1 TL Ingwerpulver

Nährwerte p. P.

71 kcal
0 g Kohlenhydrate
5 g Fett
6 g Eiweiß

1 Kochen Sie aus dem gesäuberten Kopf und den Ohren einen Sud (3 l Wasser). Schöpfen Sie den Schaum ab, bis kein neuer aufsteigt.

2 Geben Sie das geschälte Gemüse hinein sowie die Kräuter und die einzelnen Gewürze. Lassen Sie die Brühe 5 Stunden auf niedriger Flamme leicht köcheln. Bereiten Sie in der Zwischenzeit die Gewürzmischung vor. Mahlen Sie dafür einfach alles zu einem sehr feinen Pulver.

3 Pulen Sie das Fleisch vom Knochen ab und säubern Sie die Zunge. Schneiden Sie weiche Stücke gröber und Ohren und essbare Knorpel sehr fein. Marinieren Sie alles in der Gewürzmischung.

4 Gießen Sie ein Viertel von der Brühe durch ein Sieb und geben Sie Essig und Wein hinzu. Reduzieren Sie die Mischung auf mittlerer Stufe um die Hälfte.

5 Das gesäuberte Fleisch und die kleinen Würfel aus Zunge und Ohren kommen für 15 Minuten wieder zurück in die eingekochte, heiße Brühe. Schmecken Sie diese Basis mit Essig, Salz und Pfeffer ab.

6 Mit einem Schöpflöffel geben Sie das Fleisch in eine tiefe Form. Es sollte kompakt liegen und die Form fast vollständig ausfüllen. Die Brühe wird gesiebt und darübergegossen, sodass sie eine Fingerbreite über dem Fleisch steht.

7 Das Kollagen im Sud benötigt mindestens 6 Stunden im Kühlschrank, damit sich die Sülze setzt. Servieren Sie Meerrettich, Senf, eingelegtes Gemüse, Kartoffeln oder frisches Brot dazu.

SÜLZE OHNE EXTRA GELATINE

4 Port.

6 Std.

Leicht

Zutaten

1 kg Schweinefleisch (z. B. Haxen als Einlage)
1 ½ kg Schweinestücke mit Haut und Knorpel (Stelzen, Bauch, Ohren für die Festigkeit)
2-4 l Wasser
1 Zwiebel
1 Möhre
½ Petersilienwurzel
2 Nelken
3 Wacholderbeeren
3 Lorbeerblätter
3 EL Essig
1 TL Pfeffer
2 TL Salz
2 EL Zucker

Nährwerte p. P.

555 kcal
4 g Kohlenhydrate
37 g Fett
49 g Eiweiß

1 Für die Basis kochen Sie das Fleisch mit dem Gemüse, den Lorbeerblättern, den Wacholderbeeren und den Nelken zu einem aromatischen Sud. Die Zwiebel kann vorab halbiert und an der Schnittfläche angeröstet werden. Entfernen Sie nicht die Schale, diese wird mitgekocht.

2 Das Fleisch muss so lange kochen, bis es vom Knochen fällt und sehr weich ist. Fettige Stücke brauchen etwas mehr Zeit. Eine gute Vorgabe sind 2-3 Stunden. Schöpfen Sie den Schaum immer wieder ab, bis kein neuer aufschwimmt. Trennen Sie Brühe und Fleisch und entsorgen Sie das zerkochte Gemüse.

3 Schneiden Sie das Fleisch für die Einlage in 5-8 mm große Würfel. Haut und Knorpel müssen aussortiert werden. Fettige Stücke schneiden Sie lieber in sehr feine Würfel (ca. 3 mm).

4 Testen Sie die Festigkeit der Brühe, indem Sie eine kleine Menge für 15-30 Minuten auskühlen lassen.

5 Gießen Sie den Sud durch ein feines Sieb, damit er möglichst klar ist, und schmecken Sie ihn danach mit Salz, Zucker, Pfeffer und Essig ab. Beim Erkalten wird der Geschmack weniger intensiv, seien Sie also nicht zu zaghaft.

6 Verteilen Sie anschließend das kleingeschnittene Einlagenfleisch in passende Behälter und geben Sie die Brühe darüber. Die Sülze muss mehrere Stunden im Kühlschrank stehen, damit sich das Kollagen wieder verfestigt.

Tipp: Wird die Probe nicht fest, wurden zu wenige kollagenhaltige Stücke für die Menge an Sud verwendet. Retten kann man das mit extra Gelatine, erwärmen Sie die angereicherte Brühe aber nicht über 80 °C. Sülze gelingt am besten, wenn viele Stücke mit Haut und Knorpeln gekocht werden. Wollen Sie komplett auf Blattgelatine verzichten, kochen Sie den Sud noch einmal auf und geben extra Schweinestelzen oder Hautstücke hinzu.

HAXENSÜLZE MIT FRISCHER SOSSE

8 Port.

3,5 Std.

Mittel

Zutaten

2 Haxen
(24 h eingeweicht)
1 Schweinestelze
1 EL Gemüsebrühe
(Pulver)
1 Sternanis

Für die Soße:
1 EL Kapern
1 EL Melasse
5 Cornichons
1 Handvoll Petersilie
1 Handvoll Basilikum
1 TL Senf (mittelscharf)
5 Anchovis
½ Zitrone (ausgepresst)

60 ml Olivenöl
Pfeffer, Salz

Nährwerte p. P.

106 kcal
6 g Kohlenhydrate
3 g Fett
13 g Eiweiß

1 Geben Sie die Haxen und Stelzen in einen Topf und gießen Sie Wasser dazu (gerade so viel, dass das Fleisch bedeckt ist). Kochen Sie das Fleisch und schöpfen Sie den Schaum ab, bis kein neuer aufkommt.

2 Würzen Sie das Wasser mit Pulverbrühe und Sternanis. Das Fleisch muss bei kleiner Flamme mehrere Stunden (ca. 3 h) köcheln, bis es vom Knochen fällt. Entnehmen Sie es dann aus dem Sud und lassen Sie es abkühlen.

3 Reduzieren Sie die Brühe auf niedriger Stufe, bis die Hälfte verdampft ist. In der Zwischenzeit pulen Sie das Fleisch von den Knochen und entfernen die Knorpel.

4 Schmecken Sie das Fleisch mit Salz und Pfeffer ab. Damit der eingekochte Sud möglichst klar ist, gießen Sie ihn durch ein feines Sieb.

5 Verarbeiten Sie die Zutaten für die Soße in einer Küchenmaschine zu einer Paste. Geben Sie das Olivenöl langsam dazu, bis die Konsistenz an ein flüssiges Pesto erinnert.

6 Schichten Sie in einer mit Frischhaltefolie ausgelegten Kastenform das Fleisch und die Soße kompakt. Gießen Sie den leicht abgekühlten Sud hinein und lassen Sie die Sülze sich über Nacht setzen.

GRÜNER SPARGEL IN HÄHNCHEN-ASPIK

 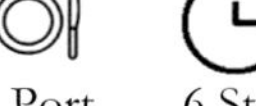 

10 Port. 6 Std. Mittel

Zutaten

500 g Hähnchenfleisch (vom Braten o. in der Pfanne gegart, ohne Haut)
500 ml klare Hühnerbrühe (gekauft oder selbst gemacht aus dem restlicher Braten mit Zwiebeln/Suppengemüse, Salz, Gewürzen)
8 Blätter Gelatine
120 ml Weißwein (trocken)
½ Zwiebel
1 Bund grüner Spargel (entholzt, blanchiert)
1 Lorbeerblatt
1 EL Butter
Salz, Pfeffer

Nährwerte p. P.

217 kcal
1 g Kohlenhydrate
1 g Fett
13 g Eiweiß

1 Erwärmen Sie die Brühe und weichen Sie die Gelatine in etwas davon ein.

2 Sobald der Fond köchelt, geben Sie den Weißwein dazu. Stellen Sie die Flamme auf niedrige Stufe und halten Sie die Basis warm.

3 Schneiden Sie die Zwiebel in feine Würfel und braten Sie sie in der Butter glasig. Der Spargel wird einige Minuten darin gewendet. Schmecken Sie es mit Salz und Pfeffer ab.

4 Legen Sie eine Form mit Frischhaltefolie aus und dekorieren Sie den Boden mit Stücken des getrockneten Lorbeerblattes.

5 Rühren Sie die weiche Gelatine mit einem Schneebesen in den warmen Fond ein.

6 In die ausgelegte Form schichten Sie anschließend Gelatine-Basis, Zwiebel-Spargel-Gemisch, Hähnchenfleisch und dann wieder Aspik. Jede Schicht muss auskühlen, damit die Gelatine fest wird und der Spargel nicht absinkt.

7 Stellen Sie die Terrine über Nacht in den Kühlschrank. Zum Servieren reichen Sie Sauce Hollandaise und mariniertes Rote-Bete-Carpaccio mit Zitronenpfeffer.

HECHT IN ASPIK

4 Port.

2 Std.

Mittel

Zutaten

1,2 kg Hecht
1 l Wasser
1 Zwiebel
1 Lorbeerblatt
1 Möhre
5 Pfefferkörner
½ TL Salz
10 g Gelatinepulver
6 Blätter)
1 Handvoll Petersilie

Nährwerte p. P.

303 kcal
2 g Kohlenhydrate
9 g Fett
54 g Eiweiß

1 Reinigen Sie den Fisch und entfernen Sie die Filets.

2 Kopf und Schwanzflosse werden mit einem Liter Wasser und dem Gemüse zu einem Fond gekocht (40 Minuten). Schneiden Sie die Filets in 5 cm lange und 2 cm breite Stücke.

3 Entnehmen Sie die Möhre aus der Brühe, sie wird zum Dekorieren beiseitegelegt. Alles Übrige kann entsorgt werden. Garen Sie die Filetstücke im noch heißen Fond für 10 Minuten. Weichen Sie in der Zwischenzeit die Gelatineblätter in kaltem Wasser ein.

4 Gießen Sie die Brühe mehrmals durch ein feines Sieb, damit sie möglichst klar ist, und verdünnen Sie die weiche Gelatine in einer kleinen Menge davon. Rühren Sie die Gelatine dann in den warmen Fond und lassen Sie ihn nicht kalt werden. Schneiden Sie die Möhre in feine Scheiben und die Petersilie sehr fein.

5 Füllen Sie kleine Formen mit einer Schicht Aspik und lassen Sie die Schicht im Kühlschrank einige Minuten fest werden. Legen Sie Fischstücke, Möhrenscheiben und Petersilie darauf und gießen Sie wieder eine Lage Gelée darüber, sodass die Förmchen voll sind.

6 Über Nacht wird die Gelatine im Kühlschrank komplett fest.

AAL IN ASPIK

4 Port.

1 Std.
40 Min.

Mittel

Zutaten

200 g Aal (roh)
1 l Wasser
200 ml Essig (5-prozentig)
2 Lorbeerblätter
12 Wacholderbeeren
10 Pfefferkörner
3 große Möhren
1 Pck. Blattgelatine
6 hartgekochte Eier
4 Tomaten
4 Gewürzgurken
2 Bünde Petersilie (gehackt)
20 ml Madeira
Salz, Pfeffer

Nährwerte p. P.

98 kcal
2 g Kohlenhydrate
7 g Fett
8 g Eiweiß

1 Putzen Sie den Fisch, die gesäuberte Haut wird nicht abgezogen. Schneiden Sie ihn in gleichmäßige Stücke und würzen Sie ihn mit Salz. Schälen und schneiden Sie die Möhren in Scheiben.

2 Bringen Sie die Basis für den Sud (Wasser, Essig, Möhren, Madeira, Gewürze) zum Kochen und geben Sie den Fisch für 25 Minuten hinein. Er muss darin nur durchziehen, drehen Sie die Hitze also auf sehr niedrige Stufe.

3 Weichen Sie die Blattgelatine in kaltem Wasser für 5 Minuten ein. Gießen Sie den Sud durch ein Sieb. Legen Sie den Fisch zum Abkühlen auf einen extra Teller und die Möhren ebenfalls.

4 Sobald die Brühe etwas abkühlt, schmecken Sie sie mit Salz ab und rühren die Gelatine nach und nach ein.

5 Schälen und schneiden Sie die Eier in Scheiben, auch die Tomaten sowie die Gurken müssen klein geschnitten werden.

6 Schichten Sie Gemüse, Kräuter und Fisch immer mit einer Lage Gelatine-Sud, diese muss jedes Mal im Kühlschrank fest werden, bevor eine weitere Schicht aufgelegt wird. So sinkt die Einlage nicht ab und der Anschnitt sieht ansprechender aus.

7 Sind alle Zutaten aufgebraucht, muss der Aspik über Nacht auskühlen.

Rillettes

POTTSUSE

6 Port.

3 Std.
20 Min.

Leicht

Zutaten

300 g Schweinebauch
500 g Schweinenacken
2 Zwiebeln
5-10 Pimentkörner
2 Lorbeerblätter
1 TL Salz
½ TL Pfeffer (schwarz, gemahlen)
100 ml Wasser
Majoran od. Kümmel (optional)

Nährwerte p. P.

248 kcal
1 g Kohlenhydrate
23 g Fett
9 g Eiweiß

1 Schneiden Sie das Fleisch in handliche Würfel und zerkleinern Sie die Zwiebeln grob. Geben Sie alles in einen Topf und gießen Sie so viel Wasser dazu, dass der Topfboden bedeckt ist.

2 Um die Gewürze besser entfernen zu können, sollten Sie ein Gewürzsieb verwenden. Drücken Sie die Pimentkörner leicht an, wenn Sie ein stärkeres Aroma erhalten möchten. Lassen Sie alles etwa 3 Stunden bei niedriger Temperatur und geschlossenem Deckel köcheln.

3 Nach 1,5 Stunden sollten Sie die Schwarte und etwaige Knochen entfernen. Der Speck kann von der Haut abgelöst werden und kommt klein geschnitten wieder in den Topf.

4 Nach der Garzeit zerdrücken Sie das Fleisch mit einem Kochlöffel, bis alles zu einer streichfähigen Masse wird.

5 Schmecken Sie die Pottsuse mit Salz, Pfeffer und getrockneten Kräutern ab. Gewürzt werden kann mit Majoran, Thymian, Kümmel, Muskatnuss oder Wacholder.

6 Rillettes können in Einweckgläsern haltbar gemacht werden, so auch die Pottsuse. Abgekühlt servieren Sie das Schmalzfleisch mit eingelegten Gurken, Zwiebeln, Graubrot und Senf.

Diese Spezialität aus der Magdeburger Hörde ist ein typisch deutsches Rillette. Sie können Variationen mit verschiedenen Gewürzen oder anderen Fleischsorten in Thüringen und der Harzer Region finden, wobei gerne Wildschein, Gänseschmalz und Majoran oder Wacholder als Zutaten verwendet werden. Die Pottsuse ist ein schmackhafter Snack und wird üblicherweise zu Bier gereicht.

KANINCHEN MIT SCHWEIN

6 Port.

5 Std..

Mittel

Zutaten

500 g Schweinebauch (fettig, ohne Schwarte)
75 g Schweinespeck
750 g Kaninchenkeulen
100 ml Weißwein
100 ml Wasser
2 Zweige Thymian
2 Zweige Rosmarin
3 Lorbeerblätter
10 Wacholderbeeren
2 Sternanise
3 ungeschälte Knoblauchzehen
1 Prise Muskatnuss
2 EL Senf (körnig)
Salz, Pfeffer

Nährwerte p. P.

452 kcal
1 g Kohlenhydrate
30 g Fett
41 g Eiweiß

1 Heizen Sie den Backofen auf 140 °C vor.

2 Schneiden Sie das gesamte Schweinefleisch und den Speck in 2 cm große Würfel.

3 Die Kaninchenkeulen und die Würfel werden mit Wein, Kräutern (im Säckchen) und Gewürzen mit etwas Wasser in einem Bratentopf mindestens 4 Stunden im Ofen gegart.

4 Gießen Sie den Saft danach durch ein Sieb und stellen Sie ihn zum Auskühlen beiseite. Die Knoblauchzehen werden noch benötigt.

5 Das Fleisch muss abkühlen und anschließend mit zwei Gabeln vom Knochen gelöst werden. Zerdrücken Sie Schweinebauch, Kaninchenfleisch und Speck zu feinen Fasern. Mischen Sie die Fetzen mit 50 ml Kochsud und 2 Esslöffeln des fest gewordenen Fettes. Würzen Sie das Fleisch mit Senf, den zerkochten und ausgedrückten Knoblauchzehen sowie mit Salz und Pfeffer.

6 Einzeln in Keramikschälchen portioniert, muss das Rillette mit jeweils einem Löffel des flüssigen Fettes (erwärmtes Bratenfett) versiegelt werden.

GÄNSERILLETTE

4 Port.

3 Std.

Leicht

Zutaten

1 kg Gänsefleisch
(z. B. Keulen, 50/50 fettig und mager)
400 g Gänseschmalz
100 ml Wasser
1 Knoblauch
1 Zweig Thymian
1 Zweig Rosmarin
1 Lorbeerblatt
Prise Salz, Pfeffer

Nährwerte p. P.

479 kcal
1 g Kohlenhydrate
48 g Fett
19 g Eiweiß

1 Geben Sie etwas Schmalz in einen Topf und braten Sie die Keulen auf der Hautseite leicht an.

2 Wenden Sie das Fleisch mehrmals und geben Sie nach 10 Minuten die Gewürze und das restliche Fett dazu.

3 Geben Sie ausreichend Wasser hinein, damit das Fleisch mindestens zu drei Vierteln bedeckt ist. Bei mittlerer Hitze schmoren die Keulen 2 bis 3 Stunden bei geschlossenem Deckel.

4 Nehmen Sie die Keulen vorsichtig aus dem Fett und lösen Sie die Haut mit zwei Gabeln ab. Sieben Sie die Gewürze aus dem Sud und halten Sie letzteren leicht warm.

5 Rupfen Sie das Fleisch mit den Gabeln vom Knochen und in einer Schüssel in kleine Fasern. Die Mischung muss mit etwas Wasser aus dem Sud gelockert werden, bis die Konsistenz feucht genug ist und die Fleischfasern beim Zusammendrücken haften.

6 Schmecken Sie die Masse mit Salz und schwarzem Pfeffer ab und füllen Sie sie in passende Einweckgläser.

7 Schöpfen Sie eine Kelle Fett vom Sud und gießen Sie es als oberste Schicht in die Gläser. Das Fett versiegelt das Rillette und sorgt für eine streichfähige Konsistenz.

RILLETTE NUR MIT SCHWEINEFLEISCH

8 Port.

3 Std.

Leicht

Zutaten

1 kg Schweineschulter (gut durchwachsen)
220 ml Brühe
220 ml Weißwein (z. B. Chardonnay, Sauvignon)
4 Pimentkörner
2 Nelken
8 Koriandersamen
1 Lorbeerblatt
1 Zweig Rosmarin
1 Knoblauchzehe
1 TL Pfefferkörner (schwarz)
Salz, Pfeffer

Nährwerte p. P.

226 kcal
0 g Kohlenhydrate
18 g Fett
14 g Eiweiß

1 Heizen Sie den Backofen auf 150 °C vor. Schneiden Sie das Fleisch in faustgroße Würfel und mahlen Sie alle Gewürze, bis auf das Lorbeerblatt und die Nelken, zu einer Mischung.

2 Geben Sie das Fleisch und die gesamten Gewürze in einen Bratentopf und gießen Sie Wein und Brühe hinein.

3 Das Fleisch muss für mindestens zwei Stunden garen. Entfernen Sie den Deckel, falls sich zu viel Flüssigkeit am Boden ansammelt. Diese muss im Laufe der Zeit verdampfen, sonst wird das Rillette nicht streichfähig.

4 Sobald das Fleisch bei leichtem Druck zerfällt, gießen Sie die restliche Flüssigkeit durch ein Sieb in einen separaten Behälter.

5 Die Fleischstücke zerdrücken Sie mit einer Gabel in einer Schüssel. Entfernen Sie davor etwaige Gewürzreste. Für eine cremige Konsistenz zerkleinern Sie die Masse kurz in der Küchenmaschine.

6 Schöpfen Sie mit einer Kelle etwas vom Fett auf der Bratflüssigkeit ab (ca. 60 ml) und mischen Sie es in die Fleischfetzen, bis die Fasern aneinanderhaften.

7 Schmecken Sie das Rillette mit Salz und Pfeffer ab und füllen Sie es in geeignete Behälter. Bedecken Sie die Oberfläche mit einer kleinen Menge des Bratenfetts.

8 Stellen Sie die gefüllten Gläser für einige Stunden zum Auskühlen in den Kühlschrank, damit das Fett fest wird.

Tipp: Tritt beim Garen nicht genügend Fett aus, geben Sie etwas Schmalz dazu. Weißwein und Brühe sollten im Backofen zu ¾ verdampft sein. Schöpfen Sie das reine Fett von der Flüssigkeit ab, sollte noch zu viel Wasser übrig sein, bevor Sie die Fleischfetzen damit mischen. Je geringer der Wasseranteil, desto besser hält sich das Rillette.

RINDERBÄCKCHEN MIT WALDPILZEN

10 Port.

4 Std.

Mittel

Zutaten

2 kg Rinderbäckchen (fettig)
500 ml Rotwein
1 l Kalbsbrühe
500 ml Hühnerbrühe
3 Eiweiß
100 g Suppengemüse
100 g Waldpilze
½ Bund Petersilie
Trüffel (optional)

Nährwerte p. P.

434 kcal
5 g Kohlenhydrate
24 g Fett
22 g Eiweiß

1 Schneiden Sie das Suppengemüse (Möhren, Petersilienwurzel, Sellerie) in sehr feine, gleichmäßige Würfel. Es wird gemeinsam mit den Bäckchen über Nacht im Rotwein mariniert. Die Pilze müssen geputzt und in 1 cm große Stückchen geschnitten werden.

2 Braten Sie das eingelegte und abgetupfte Fleisch in etwas Öl scharf an. Es muss gut Farbe annehmen, aber nicht garen. Auch das marinierte Gemüse sowie die gesäuberten Pilze werden auf die gleiche Weise vorbereitet. Aus dem Gemüse sollte so viel Feuchtigkeit wie möglich verdampfen.

3 Schichten Sie Gemüse, Pilze und Fleisch in einen Schmortopf. Gießen Sie eine Mischung aus Kalbs- und Hühnerfond in den Topf, bis das Fleisch zu maximal zwei Dritteln bedeckt ist.

4 Auf niedriger Stufe köchelt der Sud bei geschlossenem Deckel mindestens 4 Stunden. Gießen Sie so lange kleine Mengen vom Fond nach, bis das Fleisch völlig zart ist.

5 Hacken Sie die Petersilie fein und gießen Sie den Kochsud durch ein Sieb. Er muss in einem Topf eingekocht werden, sodass eine aromatische Soße entsteht. Lassen Sie ihn einige Minuten abkühlen.

6 Schlagen Sie das Eiweiß schaumig und binden Sie damit den reduzierten Sud ab.

7 Zerdrücken Sie das Fleisch und das zerkochte Gemüse mit einem Kartoffelstampfer. Mischen Sie Gewürze (auch Trüffel, wenn verwendet), Salz, Kräuter und die Soße unter.

8 Füllen Sie das Rillette in Förmchen und lassen Sie es abkühlen. Nach Belieben kann extra Schmalz geschmolzen und zum Versiegeln über das Fleisch gegossen werden. Das macht den Aufstrich noch streichfähiger.

MARINIERTES RILLETTE MIT WHISKEY

4 Port.

3 Std.
20 Min.

Mittel

Zutaten

450 g Schweinefleisch (gemasert)
155 g Schweinebauch (durchwachsen)
60 ml Weißwein (trocken, jung)
60 ml Whiskey (rauchig, z. B. Ardbeg, Talisker)
80 ml Wasser o. Brühe
10 Pimentkörner
3 Wacholderbeeren
1 Handvoll Thymianzweige
½ TL Pfeffer (schwarz, gemahlen)
8 Knoblauchzehen (gepresst)
Salz

Nährwerte p. P.

189 kcal
0 g Kohlenhydrate
17 g Fett
13 g Eiweiß

1 Schneiden Sie das Schweinefleisch in 2 cm große Würfel und marinieren Sie es über Nacht mit dem Whiskey, dem Knoblauch, den Wacholderbeeren, den Pimentkörnern sowie mit Salz und Pfeffer. Zerkleinern Sie die Körner am besten davor in der Mühle oder in einem Mörser.

2 Der Schweinebauch wird in 3 cm große Würfel geschnitten und in einem ofenfesten Bratentopf scharf angebraten, bis das Fett austritt. Fügen Sie etwas Wasser dazu, damit nichts anbrennt. Heizen Sie den Ofen auf 140 °C vor.

3 Das marinierte Fleisch darf jetzt auch in den Bratentopf und muss ca. 15 Minuten auf dem Herd scharf angebraten werden. Geben Sie den Thymian und/oder die Kräuter Ihrer Wahl dazu. Bei geschlossenem Deckel verbleibt das Fleisch 90 Minuten im Ofen.

4 Nach dieser Zeit rühren Sie die Fleischmasse kräftig durch, damit mehr Fett austritt. Gießen Sie den Wein dazu und garen Sie das Fleisch für mindestens weitere 90 Minuten.

5 Nehmen Sie den Deckel gegen Ende der Garzeit vom Topf, sodass überschüssiges Wasser verdampfen kann.

6 Sobald das Fleisch sehr zart ist und die Säfte zu 70 % nur noch Fett sind, lassen Sie den Inhalt leicht abkühlen und sortieren die Fettstücke und die Kräuterzweige aus.

7 Das restliche Fleisch muss in einem Sieb abtropfen, während die Bratenflüssigkeit ebenfalls durch ein Sieb in einen extra Behälter gegossen wird. Schöpfen Sie das auf der Oberfläche schwimmende Fett mit einer Kelle ab.

8 Das abgekühlte Fleisch darf mit einem Löffel oder Kartoffelstampfer zerdrückt werden. Dieses Rillette soll einen rustikalen Charme haben und muss nicht zu gründlich bearbeitet werden.

9 Vermengen Sie die Fasern in einer Schüssel mit 3 bis 6 Esslöffeln von dem flüssigen Fett und schmecken Sie die Mischung mit Salz und Pfeffer ab. Je kälter der Aufstrich serviert wird, desto weniger intensiv kommen salzige Noten zum Ausdruck.

10 Füllen Sie das Rillette in Gläser und schließen Sie es luftdicht ab. Mit einer Fettschicht obenauf hält es sich bis zu zehn Tage.

ENTENRILLETTE

4 Port.

3 Std.

Mittel

Zutaten

4 Entenkeulen-Confit
(in Fett geschmort)
160 g Entenschmalz
5 EL glatte Petersilie
(gehackt)
Salz, Pfeffer, Knoblauch

Nährwerte p. P.

657 kcal
0 g Kohlenhydrate
62 g Fett
24 g Eiweiß

1 Das Entenfleisch sollte in einem Bratentopf scharf angebraten, dann mit Fett (Schmalz) fast vollständig bedeckt und mit Gewürzen im Ofen bei kleiner Hitze einige Stunden (2-3 h) gegart werden. Diese Zubereitungsweise (Confit) verhindert, dass das Fleisch trocken wird, und aromatisiert gleichzeitig das Schmalz.

2 Entfernen Sie Haut, Knorpel und Knochen und zerdrücken Sie das Fleisch mit einer Gabel in Fetzen.

3 Erwärmen Sie das Entenschmalz (fügen Sie das Fett aus dem Bratentopf hinzu) und lassen Sie die Fleischfasern darin einige Minuten durchziehen.

4 Schmecken Sie die Mischung mit Salz, Pfeffer und Knoblauch ab. Mischen Sie die gehackte Petersilie unter.

5 Verteilen Sie das Rillette in Förmchen. Im Kühlschrank wird das Fett wieder fest und streichfähig.

LACHSFORELLE MIT RÄUCHERAAL

6 Port.

45 Min.

Leicht

Zutaten

200 g Räucheraal (fettig)
300 g Lachsforelle (ohne Haut)
2 Bünde Schnittlauch
1 Bünde Dill
2 EL Brandy
½ Zitrone (ausgepresst)
Salz, roter Pfeffer

Nährwerte p. P.

145 kcal
0 g Kohlenhydrate
9 g Fett
16 g Eiweiß

1 Waschen und entgräten Sie die Forelle. Mit etwas Salz, einem Teelöffel Zitronensaft und wenig Wasser wird das Filet in einem Topf gar gedünstet.

2 Drücken Sie den Räucheraal mit einer Gabel zu einem feinen Brei.

3 Zerkleinern Sie die übrigen Zutaten in einem Küchengerät zusammen mit dem Aal.

4 Der gedünstete Fisch wird in Stückchen gebrochen und in die Aal-Masse gemischt.

5 Schmecken Sie die Mischung mit Salz, Zitronensaft und rotem Pfeffer ab. Nach dem Auskühlen servieren Sie dazu geröstetes Brot und Essigzwiebeln.

GERÄUCHERTES FELCHEN MIT FENCHEL

4 Port. 2,5 Std. Leicht

Zutaten

230 g Felchen (weißer Süßwasserfisch, geräuchert)
50 ml Olivenöl
1 Fenchelknolle
1 TL Fenchelsamen
½ TL Salz
3 EL Zitronenabrieb
1 EL Zitronensaft
230 g Crème fraîche
60 g Mascarpone
1 EL Fenchelspitzen (grüner Teil, fein geschnitten)
1 Prise Cayennepfeffer

Nährwerte p. P.

408 kcal
3 g Kohlenhydrate
38 g Fett
12 g Eiweiß

1 Schneiden Sie den Fenchel in kleine Würfel und karamellisieren Sie diese in einer Pfanne auf niedriger Flamme in Öl, geben Sie auch die Samen dazu.

2 Es dauert ca. 30 Minuten, bis die Würfel weich und angebräunt sind. Die Hälfte des Zitronenabriebs wird in die Mischung gegeben, sobald der Fenchel leicht abgekühlt ist.

3 Verrühren Sie Mascarpone und Crème fraîche in einer kalten Schüssel. Das geht am besten mit einer Metallschüssel, die einige Minuten im Gefrierfach war.

4 Die Fischstücke können mit einem Spatel untergehoben und zerdrückt werden, ebenso der Fenchel. Schmecken Sie die Masse mit Salz, Zitronenabrieb, Fenchelspitzen, Zitronensaft und Cayennepfeffer ab.

5 Das Rillette muss einige Stunden durchziehen.

FISCH-RILLETTE EXTRA FIX

4 Port.

15 Min.

Leicht

Zutaten

2 Dosen eingelegte Sardellen (o. andere Sorten Fisch ohne Gräten)
40 g Butter (flüssig)
Abrieb und Saft einer Orange (o. Zitrone)
1 EL Dill
1 EL Schnittlauch
1 Prise Pfeffer (weiß)
Salz (Fleur de Sel)

Nährwerte p. P.

219 kcal
0 g Kohlenhydrate
15 g Fett
22 g Eiweiß

1 Der eingelegte Fisch muss gut abtropfen.

2 Mischen Sie Butter und Fischfilets mit einer Gabel zu einer Masse. Zerkleinern Sie den Fisch dabei nicht vollständig.

3 Würzen Sie die Basis mit den Kräutern, Pfeffer, Salz, einer kleinen Menge Zitronenzeste und zwei Esslöffeln Saft.

4 Rühren Sie das Rillette, bis die Butter wieder dickflüssig wird.

5 Füllen Sie die Mischung in einen luftdichten Behälter und stellen Sie sie kühl. Servieren Sie dazu Knoblauch-Toast und Gewürzgürkchen, sobald die Butter bei Zimmertemperatur wieder streichfähig ist

Hinweis: So funktionieren Rillettes üblicherweise, daher eignet sich das Rezept für langsam und lange gegarten Fisch, wie z. B. Lachs oder Karpfen. Passen Sie den Fettgehalt (Butteranteil) an, damit die Masse streichfähig wird. Wichtig ist, dass die proteinhaltigen Zutaten möglichst trocken sind.

FRUCHTIGES HÄHNCHEN

6 Port.

1 Std.

Leicht

Zutaten

2 große Hähnchenbrust-filets (gekocht)
25 Mirabellen
60 g Gänseschmalz
10 g Butter
1 Zwiebel
120 ml Weißwein (lieblich) o. Cidre
1 Nelke
1 Lorbeerblatt
Salz, Pfeffer

Nährwerte p. P.

236 kcal
7 g Kohlenhydrate
14 g Fett
17 g Eiweiß

1 Bearbeiten Sie das Fleisch mit Gabeln so, dass es in die einzelnen Fasern zerrupft wird.

2 Die Früchte müssen entkernt und zerkleinert werden, bis sie fast ein Püree ergeben.

3 Schneiden Sie die Zwiebel in sehr kleine Würfel und braten Sie sie in der Butter glasig.

4 Geben Sie alle Zutaten in die heiße Pfanne und bringen Sie das Ganze zum Köcheln. Die Flüssigkeit muss bei niedriger Temperatur langsam verdampfen.

5 Sobald das Rillette dickflüssig wird, schmecken Sie es mit Salz und Pfeffer ab.

6 Abgekühlt kann man es zu frischen Salaten und fruchtig-süßer Vinaigrette (Himbeeren, Feigen) mit dünnen Scheiben gerösteter Brioche servieren. Das Rillette macht sich auch ausgezeichnet als Teil einer Käseplatte.

RILLETTE MIT CHEDDAR

8 Port.

20 Min.

Leicht

Zutaten

140 g Schweinespeck (Bacon, durchwachsen, fettig)
115 g Mayonnaise
2 EL Olivenöl
1 ½ TL geriebene Schalotten (ca. 2 Stk.)
½ TL Tabasco
230 g Cheddar (gerieben)

Nährwerte p. P.

305 kcal
0 g Kohlenhydrate
29 g Fett
11 g Eiweiß

1 Schneiden Sie den Speck in Würfel und lösen Sie in der Pfanne das Fett aus. Geben Sie etwas Öl dazu. Nach 7 Minuten nehmen Sie den knusprigen Speck mit einem Schöpflöffel heraus und lassen ihn auf Küchenpapier abtropfen.

2 Verrühren Sie Mayonnaise, Schalotten und Tabasco. Vom ausgetretenen Speckfett aus der Pfanne mischen Sie etwa 2-3 Esslöffel mit einem Schneebesen in die Masse ein.

3 Der Käse und die Mascarpone-Mischung müssen in einer Küchenmaschine gründlich zerkleinert und luftdicht in Behälter gefüllt einige Stunden im Kalten durchziehen. Bestreuen Sie den Aufstrich mit knusprigen Baconstückchen kurz vor dem Servieren.

Vegan & Vegetarisch

BLÄTTERTEIG-PASTETE MIT GEMÜSEFÜLLUNG

6 Port. 45 Min. Leicht

Zutaten

500 g Kartoffeln
200 g Möhren
300 g Brokkoli
1 Zwiebel
1 Knoblauchzehe
2 Rollen Blätterteig
½ EL Gemüsebrühe-Pulver
1 EL Kräutermix
Käse (optional)
1 EL Öl
Salz

Nährwerte p. P.

201 kcal
27 g Kohlenhydrate
13 g Fett
10 g Eiweiß

1 Schälen und schneiden Sie die Kartoffeln, die Zwiebel und die Möhren in sehr kleine Würfel. Der Brokkoli sollte kurz gedünstet und in etwas größere Würfel geschnitten werden.

2 Braten Sie die Zwiebel- und die Möhrenwürfel im Öl goldbraun an. Heizen Sie den Ofen auf 200 °C vor.

3 Das kleingehackte Gemüse wird derweil mit Knoblauch, Salz, Gemüsebrühe und Kräutern abgeschmeckt und mit den Zwiebel- und Möhrenwürfeln vermengt. Nach Belieben können Sie etwas geriebenen Käse dazugeben.

4 Stechen Sie aus dem Blätterteig Kreise aus und legen Sie damit die Muffinform aus. Der Teig muss leicht überstehen und flach an den Rändern anliegen. Aus den Resten können Sie passende Deckel formen und diese nach Belieben verzieren.

5 Füllen Sie die Gemüsemischung in die Formen und decken Sie sie ab.

6 Im Ofen garen die Pasteten 15-20 Minuten bei Umluft und können danach heiß oder kalt mit verschiedenen Soßen oder als Beilage serviert werden.

PORTOBELLO-PILZ-PASTETE (V)

8 Port.

45 Min.

Leicht

Zutaten

450 g kleine Portobello-Pilze
200 g Tofu (mittelfest)
½ Tasse Kichererbsen (Dose)
½ Tasse weiße Bohnen (Dose)
4 EL Paniermehl
½ Schalotte (fein gehackt)
4 Zweige Thymian
1 EL Sojasoße
1 Prise Pfeffer (schwarz, gemahlen)
1 Prise Salz
½ EL Öl

Nährwerte p. P.

180 kcal
15 g Kohlenhydrate
12 g Fett
6 g Eiweiß

1 Schneiden Sie die Pilze und den Tofu in etwa gleich große Würfel und braten Sie diese zusammen mit den Schalottenstücken in etwas Öl in einer Pfanne an. Geben Sie die Thymianzweige kurz dazu, damit sie ihr Aroma freigeben.

2 Kichererbsen und weiße Bohnen sollten in der Dose bereits weich gegart sein, ansonsten weichen Sie beides über Nacht in Wasser ein und kochen die Zutaten in ausreichend Wasser in einem Topf, bis sie sehr weich sind.

3 Verarbeiten Sie Pilze, Tofu, Schalotten, Paniermehl, Erbsen und Bohnen in der Küchenmaschine zu einer feinen Paste. Die Konsistenz sollte streichfähig sein, dafür kann etwas Bohnen- oder Erbsenwasser aus der Dose untergemischt werden. Schmecken Sie die Masse mit Salz, Pfeffer, Sojasoße und nach Belieben mit anderen Gewürzen ab.

4 Legen Sie eine geeignete Form mit ofenfester Folie aus, füllen Sie die Paste kompakt hinein und stellen Sie diese in eine Bain-Marie. Damit die Oberfläche nicht austrocknet, sollte diese mit einem Stück Backpapier oder Alufolie abgedeckt werden.

5 Bei 170 °C gart die Pastete für eine Stunde. Abgekühlt kann sie zusammen mit dünnem Fladenbrot, Antipasti und Salaten serviert werden.

AUFLAUF IM BLÄTTERTEIGMANTEL (V)

4 Port.

1,5 Std.

Leicht

Zutaten

300 g Kräuteraufstrich
460 g Erbsen-Hackfleisch
160 g Weizenbrot (gewürfelt)
2 Packungen Blätterteig
200 g Pilze
2 Zwiebeln
4 Selleriestangen
4 Knoblauchzehen
2 EL Sojasoße
4 EL Sesamöl
1 TL Kokosöl
1 TL Gewürzmischung für Wild
Prise Salz, Pfeffer

Nährwerte p. P.

307 kcal
27 g Kohlenhydrate
14 g Fett
3 g Eiweiß

1 Schneiden Sie eine Zwiebel, die Pilze und den Sellerie in kleine Würfel. Diese müssen in Sesamöl angebraten werden, bis sie anfangen, zu karamellisieren.

2 Verfeinern Sie den Aufstrich mit etwas gepresstem Knoblauch und mengen Sie ihn gemeinsam mit dem gewürfelten Brot unter die Pilzpfanne. Geben Sie nach Geschmack Salz und Pfeffer dazu.

3 Die andere Zwiebel wird ebenfalls klein geschnitten und mit dem Hack im Kokosöl angebraten. Schmecken Sie den Fleischersatz mit Sojasoße und Gewürzmischung ab.

4 Der Backofen sollte in der Zwischenzeit auf 175 °C vorgeheizt werden.

5 Legen Sie eine beschichtete Backform mit einem Teil des ausgerollten Teiges aus und schichten Sie darin die Aufstrich-Mischung und darauf das Hack. Die Pastete wird mit dem restlichen Teig abgedeckt.

6 Die Pastete gart bei 175 °C ca. eine Stunde.

Hinweis: Achten Sie bei der Auswahl des Blätterteiges auf die Zusammensetzung. Viele Produzenten verzichten auf tierische Inhaltsstoffe, somit eignen sich viele Teige auch für die vegane Ernährung.

KARTOFFEL-TERRINE OHNE FLEISCH (V)

6 Port.

2 Std. 40 Min.

Leicht

Zutaten

1 kg Kartoffeln (festkochend)
100 g Öl
4 EL Maismehl (Stärke)
Meersalz (nach Bedarf)

Nährwerte p. P.

284 kcal
21 g Kohlenhydrate
19 g Fett
6 g Eiweiß

1 Schälen Sie die Kartoffeln und reiben Sie sie in dünne Scheiben. Waschen Sie die austretende Stärke nicht ab.

2 Legen Sie eine Backform mit Backpapier aus und schichten Sie Kartoffelscheiben, Meersalz, Mehl und Öl in dünnen Lagen darin.

3 Heizen Sie den Backofen auf 180 °C vor.

4 Die Terrine muss ca. 2 Stunden im Ofen backen. Legen Sie ein Stück Backpapier obenauf, damit die Kartoffeln nicht anbrennen, und beschweren Sie die Terrine mit Gewichten, sodass die Kartoffeln im Inneren kompakt bleiben.

5 Nach der Garzeit lassen Sie die Terrine vollständig auskühlen und schneiden sie in 2-3 cm dicke Scheiben.

6 Erhitzen Sie etwas Öl oder Butter in einer Pfanne und braten Sie die Terrinenscheiben scharf an, bis sie auf beiden Seiten knusprig sind. Entfernen Sie davor die trockenen Ränder.

PASTINAKEN IM TEIGMANTEL (V)

8 Port.

4 Std.

Schwer

Zutaten

1 große Pastinake
220 g Baby Bella-Pilze (Cremini-Pilze)
220 ml vegane Brühe (Geflügel- o. Rind-Geschmack)
100 g Walnüsse
70 g Pistazien
2 Knoblauchzehen
1 TL Agar-Agar
2 EL raffiniertes Kokosöl
1 EL Misopaste (dunkel)
Neutrales Öl für die Backform
2 EL heller Agavensirup
2 TL Pfefferkörner
¼ TL geräuchertes Salz
1 Pck. Blätterteig (ohne Butter)
2 EL Sojamilch
2 EL heller Agavensirup
1 Prise Salz

Nährwerte p. P.

351 kcal
29 g Kohlenhydrate
15 g Fett
17 g Eiweiß

1 Heizen Sie den Ofen auf 200 °C vor und fetten Sie eine Backform mit neutralem Öl ein.

2 Schälen und hacken Sie die Pastinake in große Würfel. Putzen und schneiden Sie die Pilze in Hälften. Geben Sie Kokosöl, gepressten Knoblauch und etwas Salz dazu und mischen Sie alles gut durch.

3 In der eingeölten Backform garen das Gemüse und die Pilze für 45 Minuten im Ofen (die ersten 30 Minuten abgedeckt mit Alufolie, danach ohne Abdeckung).

4 Dicken Sie die Brühe mit dem Agar-Agar auf mittlerer Flamme ein. Rühren Sie die Mischung dabei stetig. Lassen Sie die Pilze und das Wurzelgemüse abkühlen.

5 Zerkleinern Sie die Walnüsse in der Küchenmaschine zu einer Masse. Geben Sie nach und nach die Pilz-Pastinaken-Mischung, die Misopaste, die Agar-Agar-Brühe und das geräucherte Salz dazu. Die Pistazien und die Pfefferkörner kommen zum Schluss ebenfalls in die Küchenmaschine und werden grob zerkleinert.

6 Die Pastetenfüllung muss mindestens 3 Stunden in einem Behälter im Kühlschrank durchziehen. Nach dieser Zeit heizen Sie den Ofen auf 200 °C vor und rollen den Blätterteig so weit aus, dass er die Füllung ummanteln kann.

7 Fetten Sie eine passende Backform mit etwas Öl ein und wickeln Sie die Farce in den Teig. Mischen Sie beide Sorten Agavensirup und Sojamilch und bestreichen Sie damit den Teig, damit er später knusprig wird.

8 Backen Sie die Pastete für 45 Minuten und lassen Sie sie vor dem Servieren vollständig auskühlen.

Tipp: Dehnt sich der Blätterteig in der Form zu sehr aus, legen Sie ein ofenfestes Gewicht (Backperlen) obenauf.

MARONENROLLE MIT SPINAT

8 Port.

4 Std.

Mittel

Zutaten

500 g Porree
240 g Babyspinat
415 g Maronenpaste (Dose)
200 g gekochte Maronen (gehälftet)
220 g Shropshire (schnittfester Blauschimmelkäse)
500 g Blätterteig
85 g Semmelbrösel
50 g Butter
4 Eier
1 TL Muskat
3 Knoblauchzehen (fein gehackt)

Nährwerte p. P.

617 kcal
60 g Kohlenhydrate
33 g Fett
16 g Eiweiß

1 Schneiden Sie den Porree in dünne Streifen, sautieren Sie ihn zuerst in einer Pfanne mit der Butter und stellen Sie ihn in einer Schüssel beiseite.

2 Der Babyspinat wird portionsweise ohne Fett in der Pfanne gekocht. Legen Sie ihn in ein Sieb und beschweren Sie ihn mit einem Teller und einem Gewicht, damit überschüssige Flüssigkeit abtropfen kann.

3 Vermengen Sie Maronenpaste, 3 Eier, Muskat, Maronenhälften, Spinat, Semmelbrösel, Käse und Knoblauch mit dem Porree zu einer Masse. Diese muss eine Stunde im Kühlschrank durchziehen.

4 Heizen Sie den Ofen auf 200 °C vor. Der Blätterteig wird rechteckig ausgerollt und auf ein mit Papier ausgelegtes Blech gelegt. Platzieren Sie die Füllung in einer Reihe auf einer Seite des Teiges, sodass Sie diesen eindecken können.

5 Verquirlen Sie ein Ei und bestreichen Sie damit die Ränder des Teiges großzügig.

6 Verschließen Sie den Teig rund um die Füllung und schneiden Sie einige diagonale Schlitze ein. Bepinseln Sie die Oberfläche ebenfalls mit dem verquirlten Ei.

7 Die Pastete backt ca. 50 Minuten. Streichen Sie 10 Minuten vor Ende noch etwas Ei darauf, damit der Teig knusprig wird. Servieren Sie die Pastete warm mit einer weißen Soße (Béchamel, Hollandaise).

BOHNEN-PÂTÉ

6 Port. 2 Std. Leicht

Zutaten

100 g Räuchertofu
2 Dosen Kidneybohnen
1 Zwiebel (groß)
1 Knoblauchzehe
1 TL Majoran (getrocknet)
3 EL Pflanzenöl
Salz, Pfeffer

Nährwerte p. P.

167 kcal
15 g Kohlenhydrate
7 g Fett
8 g Eiweiß

1 Spülen Sie die Bohnen mit kaltem Wasser gut ab und lassen Sie sie abtropfen.

2 Schneiden Sie die Zwiebel in Würfel und braten Sie sie zusammen mit einer gepressten Knoblauchzehe und den Bohnen in Öl an.

3 Pürieren Sie Bohnen, Majoran, Räuchertofu und Zwiebelwürfel zu einer feinen Masse. Abgeschmeckt wird mit Salz und Pfeffer.

SÜßKARTOFFELN MIT RICOTTA

6 Port.

1 Std.

Leicht

Zutaten

500 g Süßkartoffeln (geschält, gewürfelt)
500 g Ricotta
2 Frühlingszwiebeln
2 Eier (getrennt)
1 EL Thymianblätter (frisch)
Abrieb und Saft einer Zitrone
1 EL Olivenöl
Salz, Pfeffer, Muskat

Für die Soße:
400 g Dosentomaten
1 Zwiebel, in Würfel geschnitten
1 Knoblauchzehe
1 EL brauner Zucker
1 EL Senf (körnig)
1 EL Garam Masala
Salz, Pfeffer, Öl

Nährwerte p. P.

315 kcal
30 g Kohlenhydrate
17 g Fett
10 g Eiweiß

1 Heizen Sie den Backofen auf 180 °C vor und fetten Sie eine Kastenform leicht ein. Legen Sie die Form zudem mit Backpapier aus.

2 Braten Sie die Süßkartoffeln in etwas Öl an, bis sie weich und leicht braun sind.

3 In der Zwischenzeit vermischen Sie Eigelb, Ricotta, gehackte Frühlingszwiebeln, Thymian und Saft sowie Abrieb einer Zitrone.

4 Schlagen Sie das Eiweiß halb steif und heben Sie die Ricotta-Masse und die Kartoffel-Würfel unter. Schmecken Sie die Mischung mit Salz, Pfeffer und Muskat ab.

5 Die Terrine gart in der vorbereiteten Kastenform im Ofen ca. 45 Minuten.

6 Die Soße für die Garnitur kann in der Zwischenzeit zubereitet werden. Braten Sie Zwiebelwürfel und Knoblauch in einer Pfanne mit etwas Öl an und rühren Sie die Dosentomaten ein, sobald die Zwiebeln karamellisieren. Die restlichen Zutaten werden hinzugegeben, die Soße wird dann für 10 Minuten bei niedriger Hitze eingeköchelt.

7 Lassen Sie die Terrine kurz abkühlen und servieren Sie die Scheiben mit Bauernbrotsalat und Sour Cream.

SPINAT-FETA IN PHYLLO

8 Port. | 2 Std. 40 Min. | Leicht

Zutaten

Für den Teig:
340 g feines Vollkornmehl
120 g Weizenmehl (Typ 550)
1 TL Salz
60 ml Wasser
120 ml Olivenöl
120 g Joghurt (hoher Fettanteil, z. B. griechischer Joghurt)
1 EL Ouzo (alternativ Rotweinessig)

Für die Füllung:
900 g Spinat (frisch, gut abgetrocknet)
300 g Feta
80 ml Olivenöl
2 Zwiebeln, gewürfelt
6 Frühlingszwiebeln, gehackt
1 Handvoll Dill (gehackt)
1 Handvoll Minze (gehackt)
Salz, Pfeffer, Muskat

Nährwerte p. P.

281 kcal
22 g Kohlenhydrate
12 g Fett
20 g Eiweiß

1 Vermengen Sie für den Teig alle Zutaten im Mixer mit Knetaufsatz. Fügen Sie das Wasser dabei nach und nach hinzu, bis der Teig einen Ball formt. Er soll elastisch, aber nicht klebrig sein. Kneten Sie den Teig 10 Minuten. Danach lassen Sie ihn in einer eingeölten Schüssel bei Zimmertemperatur abgedeckt für 2 Stunden ruhen.

2 Braten Sie die gewürfelten Zwiebeln und die fein gehackten Frühlingszwiebeln kurz in Öl an und stellen Sie sie in einer Schüssel beiseite. Erhitzen Sie den Spinat portionsweise in der eben verwendeten Pfanne, bis er gar ist, und lassen Sie ihn in einem Sieb gut abtropfen.

3 Hacken Sie die Kräuter fein, diese müssen mit dem Feta und den sautierten Zwiebeln unter den Spinat gemischt werden. Schmecken Sie alles mit Salz, Pfeffer und Muskat ab. Heizen Sie den Ofen auf 180 °C vor und teilen Sie den Teig in vier Portionen.

4 Rollen Sie jeden Teigball auf eine Größe von ca. 38 cm aus. Die Teigkreise sollten etwas größer als das vorgesehene Backblech sein. Ölen Sie das Blech mit Olivenöl gut ein.

5 Schichten Sie erst zwei Teigfladen übereinander, wobei der untere Fladen mit Öl bepinselt wird. Geben Sie darauf die Spinat-Masse und dann die dritte Teigschicht, welche wieder mit Öl bepinselt werden muss. Zum Schluss geben Sie die letzte Portion Teig obenauf. Schneiden Sie die Ränder sauber. Achten Sie beim Verteilen der Spinat-Masse darauf, dass ein Rand frei bleibt.

6 Versiegeln Sie die Füllung am Rand entlang und stellen Sie die Pastete in den heißen Ofen. Die Backzeit beträgt ca. 50 Minuten. Bestreichen Sie die Oberfläche kurz vor Ende der Backzeit noch mit etwas Olivenöl. Vor dem Servieren sollte die Pastete mindestens 30 Minuten abkühlen.

TÖRTCHEN MIT ZWIEBELKARAMELL

4 Port.

4 Std.

Leicht

Zutaten

500 g Zwiebeln (rot)
100 g Rahm
1 EL brauner Zucker
1 Eigelb
1 Msp. Kümmel (gemahlen)
1 Prise Paprika (süß)
1 Pck. Blätterteig
Salz, Pfeffer
Öl (mit etwas Butter) zum Braten

Nährwerte p. P.

256 kcal
21 g Kohlenhydrate
16 g Fett
5 g Eiweiß

1 Schälen und zerkleinern Sie die Zwiebeln in grobe Stückchen.

2 Karamellisieren Sie die Zwiebeln in Butter und Öl mit dem braunen Zucker auf mittlerer Flamme.

3 Legen Sie eingefette Förmchen mit dem Blätterteig aus.

4 Mischen Sie Rahm, Eigelb und Zwiebelkaramell mit den Gewürzen.

5 Geben Sie die Mischung in die Formen.

6 Backen Sie die Törtchen für 30 Minuten bei 180 °C.

KÄSETERRINE MIT ZUCCHINI

8 Port.

4 Std.

Schwer

Zutaten

200 g blanchierte Zucchinistreifen (ca. 2 mm)
100 g Mascarpone
100 g Gorgonzola
150 ml Schlagsahne (> 40 % Fett, Rahm)
2 Blätter Gelatine
1 EL Wasser (heiß)
¼ TL Salz
Prise Pfeffer

Nährwerte p. P.

418 kcal
5 g Kohlenhydrate
41 g Fett
9 g Eiweiß

1 Legen Sie eine Form mit Frischhaltefolie und den Zucchinistreifen aus, sodass die Enden überstehen.

2 Schlagen Sie die Sahne halb auf und mengen Sie Gorgonzola und Mascarpone gründlich unter.

3 Weichen Sie die Gelatine ein.

4 Schmecken Sie die Käsemasse mit Salz und Pfeffer ab.

5 Ist die Gelatine aufgequollen, lösen Sie sie mit etwas heißem Wasser auf und rühren einige Teelöffel von der Masse unter.

6 Die Gelatinemischung mengen Sie schnell unter die restliche Käsemasse.

7 Füllen Sie die ausgelegte Form und wickeln Sie die Zucchinienden sowie die Folie darum.

8 Im Kühlschrank wird die Terrine über Nacht fest.

GEMÜSEFARCE IM BLÄTTERTEIGMANTEL (V)

8 Port.

1,5 Std.

Mittel

Zutaten

400 g gegrilltes, geschältes Gemüse (Paprika u. Auberginen o. Ä.)
3 EL ungesüßte Nusspaste (Walnuss, Mandeln)
100 g Räuchertofu
2 TL Agavensirup
2 Zwiebeln
4 Zweige Thymian
2 Zweige Rosmarin
3 Fleischtomaten
3 Knoblauchzehen
1 Pck. Blätterteig
Salz, Pfeffer, Öl

Nährwerte p. P.

673 kcal
16 g Kohlenhydrate
8 g Fett
5 g Eiweiß

1 Zerkleinern Sie das Grillgemüse grob in der Küchenmaschine zu einem Püree. Das Püree muss in einem feinen Sieb abtropfen. Legen Sie ein Gewicht obenauf, damit mehr Flüssigkeit austritt.

2 Entfernen Sie die Kerne aus den Tomaten und würfeln Sie das Fruchtfleisch fein. Schälen und schneiden Sie Knoblauch und Zwiebeln.

3 Der Tofu wird klein gehackt. Glasieren Sie ihn mit der Hälfte der Zwiebeln im Agavensirup mit etwas Öl und geben Sie die Kräuter (nur Blätter) und den Knoblauch dazu.

4 Sobald die Zwiebeln glasig sind, kommen das Gemüsepüree und die Tomatenwürfel dazu. Die Nusspaste sorgt für die Bindung und wird als Letztes eingerührt. Schmecken Sie die Masse mit Salz und Pfeffer ab. Heizen Sie den Backofen auf 180 °C vor.

5 Legen Sie eine eingefettete Form mit dem ausgerollten Blätterteig aus, sodass ein Teil überhängt, und füllen Sie die Farce hinein. Verschließen Sie den Teigmantel.

6 Im Ofen gart die Pastete mit einem Stück Backpapier abgedeckt für 45 Minuten. Beschweren Sie die Form mit Backperlen, damit der Teigmantel nicht aufgeht.

7 Servieren Sie dazu Wildkräutersalat in Balsamico-Dressing oder Pastinaken-Püree mit reduzierter Portweinsoße.

VIRGIN-MARY-SÜLZE

8 Port.

1,5 Std.

Mittel

Zutaten

700 ml passierte Tomaten
2 Pck. Gelatinepulver
¼ EL Salz
½ EL brauner Zucker
½ EL Einmachgewürz
½ TL Tabasco
½ TL Zitronenabrieb
1 ½ EL Zitronensaft
½ Zwiebel
½ grüne Paprika
2 kleine Selleriestangen
Öl

Nährwerte p. P.

132 kcal
16 g Kohlenhydrate
1 g Fett
4 g Eiweiß

1 Lassen Sie die Gelatine für 5 Minuten in einer kleinen Menge der passierten Tomaten quellen.

2 Erwärmen Sie in der Zwischenzeit die passierten Tomaten mit Zucker, Salz, Einmachgewürzen, Tabasco, Zitronensaft und -abrieb.

3 Rühren Sie die weiche Gelatine mit der Tomatenflüssigkeit ein und stellen Sie die Mischung zum Abkühlen beiseite (sie muss halb fest werden.). In der Zwischenzeit schneiden Sie die Zwiebel, den Sellerie und die Paprika in sehr kleine Würfel.

4 Ölen Sie einige Förmchen ein und mischen Sie Aspik und das gewürfelte Gemüse. Löffeln Sie die Masse kompakt in die Förmchen und lassen Sie die Gelatine über Nacht komplett fest werden.

5 Zum Servieren stürzen Sie das Gelée. Gedünsteter grüner Spargel, reichhaltige Soßen und weich gekochte Eier passen sehr gut dazu.

Traditionell & Klassisch

ENTENPASTETE IM TEIGMANTEL

8 Port.

2,5 Std.

Schwer

Zutaten

Für den Teig:
100 g Butter (kalt)
100 g Schmalz
400 g Mehl (Typ 550)
40 ml Eiswasser
1 Ei
8 g Salz

Für die Füllung:
300 g Schweinefleisch (Nacken)
500 g Entenfleisch (mager und fettig)
200 g grüner Speck
100 g Entenleber
50 ml Sahne
50 g Trockenpflaumen
70 g Orangenschale/Orangeat (gezuckert, getrocknet)
1 EL kleine Schalottenwürfel
40 g Pistazien
2 EL Balsamicoessig (lange gereift)
12 g Salz
1 EL Butter

Für die Gewürzmischung:
1 TL Pfeffer (weiß)
3 Pimentkörner

1 Zuerst wird der Teig im Mixer mit Rühraufsatz zubereitet. Geben Sie Mehl und Salz in die Schüssel und mischen Sie nach und nach Butter, Schmalz, Ei sowie das Eiswasser unter, bis die Masse zu einem Klumpen wird. In Frischhaltefolie gewickelt muss dieser mindestens 1 Stunde im Kühlschrank liegen.

2 Bereiten Sie in der Zwischenzeit die Farce vor. Braten Sie zuerst einen Teil der mageren Entenstücke (ca. 150 g) mit den Schalottenwürfeln und der Leber in etwas Butter an.

3 Das restliche magere Entenfleisch marinieren Sie mit dem Balsamico und einem halben Teelöffel der Gewürzmischung. Die Mischung bearbeiten Sie vorher idealerweise im Mörser, damit die Aromen freigesetzt werden.

4 Schneiden Sie für die feine Farce Schweinenacken, Speck und fettiges Entenfleisch in handliche Stücke und verarbeiten Sie diese mit dem Fleischwolf zu feinem Hack. Die angebratenen Stücke samt Leber und Schalotten müssen ebenfalls so zerkleinert werden.

5 Mischen Sie 10 g der Gewürzmischung, Sahne, Salz und Orangeat (fein gehackt) unter. Lassen Sie die Farce eine Weile im Kühlschrank durchziehen. Um den Guss vorzubereiten, mischen Sie Balsamico, Weiß- und Rotwein und stellen Sie die Mischung ohne Gelatine in einem Topf vorerst beiseite.

1/3 TL Paprika (rosenscharf)
2 Msp. Muskat
2 Msp. Macis
1 Msp. Majoran (trocken, fein)
1 Msp. Thymian (getrocknet, fein)
1 Msp. Zimt
1 Lorbeerblatt
1 Nelke
1 Zweig Rosmarin

Für den Guss:
100 ml Rotwein (süß, z. B. Port)
100 ml Weißwein (Gewürztraminer)
100 ml Balsamico (weiß)
30 g klare Gelatine

Nährwerte p. P.

1070 kcal
43 g Kohlenhydrate
78 g Fett
44 g Eiweiß

6 Legen Sie nach der Ruhezeit eine eingefettete Backform mit dem ausgerollten Teig so aus, dass er ein Stück übersteht und die Füllung am Ende bedecken kann. Der Teigmantel sollte etwa 1 cm dünn sein.

7 Schichten Sie Farce, Trockenobst, Pistazien, marinierte Entenstücke und wieder Farce, bis die Form voll ist. Legen Sie den Teig darüber, sodass die Pastete bedeckt ist.

8 Im vorgeheizten Backofen gart die Entenpastete ca. 70 Minuten bei 175 °C (Umluft). Es ist ratsam, ein größeres Blech darunter zu stellen, da Flüssigkeit austreten könnte. Weichen Sie in der Zwischenzeit die Gelatine ein.

9 Danach muss das Gericht auskühlen. Erwärmen Sie währenddessen den Guss und rühren Sie die weiche Gelatine ein. Sobald die Füllung kühl geworden ist, verwenden Sie einen Trichter und gießen den Guss unter den Teigmantel.

10 Nach 4 Stunden im Kühlschrank sollte die Gelatine fest sein und die Entenpastete kann auf eine Platte gekippt werden. Servieren Sie dazu leichte Salate mit süßem Dressing oder glasiertes Gemüse.

Tipp: Für einen intensiveren Geschmack darf das Fleisch mit Zwiebeln und klein geschnittenem Trockenobst über Nacht in Balsamico und der Gewürzmischung mariniert werden.

ENTENTERRINE MIT ÄPFELN UND KARTOFFELN

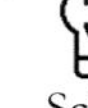

6 Port. 2,5 Std. Schwer

Zutaten

5 Entenkeulen
5 Kartoffeln (geschält und in dünne, rechteckige Scheiben geschnitten)
½ Apfel, in Stücke geschnitten
½ Zwiebel, gewürfelt
½ Bund Rosmarin
½ Bund Thymian
1 l Olivenöl
200 g Schweinebauchspeck (zum Auslegen der Form)
300 g Hähnchenhackfleisch
4 Eier
1 TL Wacholderbeeren
250 ml Kochsahne
Brühe o. Bratensäfte
Prise Salz

Nährwerte p. P.

248 kcal
1 g Kohlenhydrate
23 g Fett
19 g Eiweiß

1 Garen Sie die Entenkeulen im Olivenöl im Backofen bei ca. 140 °C, bis das Fleisch vom Knochen fällt. In den gleichen Topf geben Sie Apfelstücke, Zwiebelwürfel, Rosmarin und Thymian, so werden die Fleischsäfte aromatischer. Nach der Backzeit gießen Sie das Öl ab. Bewahren Sie die Säfte auf.

2 Verarbeiten Sie etwas Schweinebauchspeck, die Eier, das Hähnchenhack, die Kräuter, die Wacholderbeeren, die Kochsahne und eine Prise Salz im Küchengerät zu einer groben Masse. Als Letztes wird das abgepulte Entenfleisch zerkleinert. Gießen Sie etwas von der Flüssigkeit dazu, die beim Garen aus den Keulen ausgetreten ist.

3 Legen Sie mit dem restlichen Speck die Backform aus. Heizen Sie den Ofen auf 190 °C vor. In der Zwischenzeit blanchieren Sie die Kartoffelscheiben in heißem Wasser für ca. 10 Minuten.

4 Schichten Sie die Fleischmasse und die Kartoffelscheiben in die ausgelegte Form und bedecken Sie die oberste Schicht mit dem überstehenden Speck.

5 Garen Sie die Terrine in einer Bain-Marie im Ofen für mindestens 60 Minuten, bis die innere Temperatur 60 °C erreicht.

6 Beschweren Sie die Terrine mit einer passenden Form und einigen Gewichten (Wasser, Dosen), während sie auskühlt.

7 Servieren Sie die Terrine mit Cornichons, feinem Senf und weißem Brot.

FASANTERRINE MIT PILZEN

 16 Port.
 2,5 Std.
 Schwer

Zutaten

Für die Basis:
1,5 kg Fasanenstücke (Keulen, Brust mit Haut)
300 ml Geflügelfond
30 g getrocknete Steinpilze
2 EL Olivenöl
3 Schalotten
2 Knoblauchzehen
150 g Pfifferlinge
100 g Maronenpilze
4 Thymianzweige
200 ml Marsala
80 ml Schlagsahne
1 Lorbeerblatt
4 EL Butter
Salz, Pfeffer

Für die Farce:
1,2 kg gegarte Fasanenstücke
350 g Hähnchenkeulen (ausgelöst)
350 g grüner Speck
100 ml Port
50 ml Brandy
300 ml Schlagsahne
12 Streifen Prosciutto
2 EL gesalzene Butter
300 g Waldpilze (fein zerkleinert)
1 TL Thymian (gehackt)
1 TL Knoblauch (gehackt)
100 g Pistazien (geröstet, gehackt)
Salz, Pfeffer

Zubereitung für das Fasanenfleisch:

1 Weichen Sie die trockenen Pilze für 30 Minuten im Geflügelfond ein.

2 Schneiden Sie die Schalotten und den Knoblauch sehr fein. Würfeln Sie die restlichen Pilze und verarbeiten Sie den Großteil in der Küchenmaschine zu einem Püree.

3 Würzen Sie das Fleisch mit Salz und Pfeffer und braten Sie es in einem großen Topf zuerst von der Hautseite scharf in Butter und etwas Olivenöl an. Sobald die Stücke gut Farbe haben, geben Sie Schalotten, Lorbeerblatt, Thymian und Knoblauch dazu.

4 Die Pilze (Püree, Würfel und eingeweichte Trockenpilze) werden nach einigen Minuten hinzugegeben. Kochen Sie das Fleisch 15 Minuten (gelegentlich wenden) und die Pilze etwa 5 Minuten. Der Fond von den trockenen Pilzen wird aufbewahrt.

5 Entnehmen Sie die angebratenen Fasanenstücke und mit einem Schöpflöffel die Pilze.

6 Die Flüssigkeit im Topf köcheln Sie leicht ein und fügen Marsala dazu.

7 Nach einigen Minuten drehen Sie die Flamme auf mittlere Stufe und legen das Fleisch und die Pilze wieder hinein. Kochen Sie darin alles für ca. 45 Minuten, bis das Fleisch leicht vom Knochen zu lösen ist.

8 Entfernen Sie das Fleisch wieder und rühren Sie die Sahne und den Geflügelfond ein. Lassen Sie die Soße einige Minuten reduzieren.

Nährwerte p. P.

780 kcal
13 g Kohlenhydrate
65 g Fett
28 g Eiweiß

Zubereitung für die Farce:

1 Schneiden Sie 350 g der Fasanenkeulen in grobe Stückchen. Das Brustfleisch legen Sie zurück, da es später im Ganzen geschichtet wird.

2 Schneiden Sie Hähnchenfleisch und grünen Speck in Würfel. Marinieren Sie die Fasanenstückchen, das gewürfelte Schweinefett und die Hähnchenkeulen in Port und Brandy über Nacht.

3 Stellen Sie das marinierte Fleisch für 15 Minuten in das Gefrierfach. Zerkleinern Sie es danach in der Küchenmaschine zu einer feinen Masse, welcher Sie nach und nach gut gekühlte Sahne zufügen.

4 Braten Sie die Waldpilze zusammen mit Knoblauch und Thymian in der Butter an. Schmecken Sie das Ganze mit Pfeffer und Salz ab.

5 Vermengen Sie die leicht abgekühlten Pilze mit der pürierten Fleischmischung und den Pistazien.

6 Heizen Sie den Backofen auf 170 °C vor.

7 Legen Sie eine Backform mit hohem Rand mit ofenfester Folie aus und drapieren Sie die Prosciuttostreifen so darin, dass die Enden gut 5 cm überstehen.

8 Schichten Sie abwechselnd die Pilz-Hack-Mischung und die Fasanenbruststücke darin, bis die Form voll ist. Falten Sie die Folie und den Prosciutto darüber.

9 Mit Backperlen beschwert gart die Terrine in einer Bain-Marie ca. 90 Minuten. Prüfen Sie die innere Temperatur, um den Garpunkt zu bestimmen (> 72 °C).

10 Die Terrine muss mindestens 24 Stunden mit einem Gewicht beschwert auskühlen, bevor sie servierfertig ist.

SCHNELLES LEBERPÂTÉ

8 Port.

20 Min.

Leicht

Zutaten

500 g Kalbsleber
1 Zwiebel
2-4 EL Butter
2 Knoblauchzehen
2 TL Salz
Pfeffer

Nährwerte p. P.

391 kcal
4 g Kohlenhydrate
31 g Fett
24 g Eiweiß

1 Braten Sie die grob geschnittene Zwiebel und den gehackten Knoblauch in einer Pfanne mit der Butter an.

2 Waschen Sie die Leber und schneiden Sie sie in handliche Stücke.

3 Die Leber wird ebenfalls in der Pfanne angebraten, bis sie vollständig gar ist.

4 Zerkleinern Sie den gesamten Inhalt der Pfanne in der Küchenmaschine zu einer streichfähigen Paste. Fügen Sie etwas mehr Butter dazu, um die Konsistenz cremiger zu machen. Abgeschmeckt wird mit Salz und Pfeffer. Sie können nach Belieben Kräuter und Gewürze hinzufügen.

Tipp: Verwöhnen Sie Ihre Gäste doch mit feinem Trüffelaroma, dazu ersetzen Sie die normale Butter einfach durch Trüffelbutter.

KÖNIGIN-PASTETE MIT BRIESLE (KALBSBRIES)

6 Port.

1 Std. 40 Min.

Schwer

Zutaten

500 g Blätterteig
1 Eigelb
500 g Kalbsbries
2 Hähnchenfilets
250 g Champignons
2 L Geflügelfond
Öl

Für die Soße:
130 g Butter
90 g Mehl
1,5 l Hühnerfond (Rest des Kochsuds)
30 g Crème fraîche
1 EL Madeira
Spritzer Zitronensaft
2 Eigelb
Salz, Pfeffer, Muskat

Nährwerte p. P.

592 kcal
50 g Kohlenhydrate
27 g Fett
45 g Eiweiß

1 Rollen Sie den Blätterteig 5 mm dick aus. Stechen Sie 12 Kreise aus dem Teig und bestreichen Sie diese mit dem verquirlten Eigelb. Die Hälfte der Kreise wird zu Ringen ausgestochen. Legen Sie jeweils einen Ring auf einen bestrichenen Kreis. Diese geränderten Kreise müssen über Nacht im Kühlschrank stehen, damit der Teig beim Backen nicht auseinanderreißt.

2 Wässern Sie das Bries mindestens 3 Stunden vor der Zubereitung. Blanchieren Sie es dann 5-10 Minuten in gesalzenem, siedendem Wasser. Kochen Sie das Bries anschließend im Geflügelfond für eine Stunde. In der Zwischenzeit schneiden Sie die Champignons in feine Würfel und braten sie für 20 Minuten in etwas Öl an.

3 Die Königin-Pastete darf jetzt in den Backofen und bei 170 °C (Umluft) goldig backen (ca. 25 Minuten). Stellen Sie ein größeres Backblech über die Pasteten, sodass der Blätterteig beim Aufbacken auf eine einheitliche Höhe gedrückt wird.

4 Nehmen Sie das gare Bries aus der Brühe und lassen Sie es abkühlen. Garen Sie das Hähnchenfilet einige Minuten im heißen Fond. Sieben Sie den Kochsud danach einige Male durch. Für die Soße schmelzen Sie die Butter und rühren das Mehl ein. Es muss bei mittlerer Hitze 4 Minuten gegart werden, darf aber nicht braun werden. Rühren Sie stetig und gießen Sie den Kochsud hinein.

5 Die Soße muss 5 Minuten einköcheln, bis sie dickflüssig wird. Halten Sie die Basis warm.

6 Putzen Sie das abgekühlte Bries (Häutchen und Sehnen müssen entfernt werden) und schneiden Sie das Filet in gleich große Stücke. Mischen Sie die sautierten Pilze, das gesamte Fleisch und das Bries mit einer Prise Salz und Pfeffer.

7 Verrühren Sie Crème fraîche und zwei Eigelb mit dem Schneebesen und mischen Sie es in die heiße Soßenbasis. Geben Sie einen Spritzer Zitronensaft und den Madeira dazu. Schmecken Sie die Soße mit Salz, Pfeffer und Muskat ab.

8 Die Soße und die Fleisch-Pilz-Bries-Mischung müssen gründlich verrührt werden. Schmecken Sie alles noch einmal ab.

9 Schneiden Sie die Deckel der Königin-Pastete aus und geben Sie die Füllung hinein.

HASENTERRINE

8 Port.

2,5 Std.

Schwer

Zutaten

3 kg Hasenfleisch
100 g Schweinebauch (durchwachsen, gewolft)
100 g Kalb (mager, gewolft)
50 g grüner Speck
74 g Pistazien
1 EL Olivenöl
½ Zwiebel
1 kleine Knoblauchzehe
1 Handvoll Thymianblätter
Prise Salz, Pfeffer
250 g Räucherspeck in Streifen

Nährwerte p. P.

381 kcal
2 g Kohlenhydrate
36 g Fett
13 g Eiweiß

1 Schneiden Sie das fettige Fleisch in 1 cm große Würfel. Dazu kommen grobes Schweinehack, Kalb, Speck (fein gewürfelt) und die Pistazien.

2 Braten Sie den klein gehackten Knoblauch und die geschnittene Zwiebel in einer Pfanne mit Öl bei mittlerer Hitze glasig. Erhitzen Sie in der Pfanne auch den Thymian und würzen Sie die Mischung mit Salz und Pfeffer.

3 Heizen Sie den Ofen auf 170 °C vor und legen Sie eine Backform mit den Speckstreifen aus.

4 Vermengen Sie die leicht abgekühlte Zwiebel-Basis mit dem Fleisch. Das übrige magere Fleisch wird in dünne Stücke geschnitten.

5 Schichten Sie abwechselnd die gewürzte Fleischmasse und das magere Kaninchenfleisch in die Form. Legen Sie überstehende Speckenden obenauf.

6 In einer Bain-Marie und mit etwas Alufolie abgedeckt muss die Terrine mindestens 120 Minuten garen. Prüfen Sie die innere Temperatur (> 60 °C), um den Garzeitpunkt sicher zu bestimmen.

7 Um die Terrine aus der Form zu stürzen, stellen Sie sie kurz in heißes Wasser. Das Fett schmilzt und die Terrine ist leichter aus der Form zu lösen.

THUNFISCHPÂTÉ

8 Port. 20 Min. Leicht

Zutaten

420 g Thunfisch (Dose, im eigenen Saft)
250 g Ricotta
50 g Kapern (eingelegt)
5 Eier (hartgekocht)
2 Zitronen (Abrieb)
5 EL Zitronensaft
2 Handvoll Basilikumblätter
3 EL Olivenöl
Salz, Pfeffer

Nährwerte p. P.

209 kcal
3 g Kohlenhydrate
13 g Fett
21 g Eiweiß

1 Der eingelegte Thunfisch und die Kapern müssen gut abtropfen. Sie sollten die Kapern unter kaltem Wasser abspülen und den Thunfischsaft so gut wie möglich ausdrücken.

2 Schneiden Sie Eier und Basilikumblätter fein und mischen Sie beides mit dem Saft sowie dem Abrieb der Zitronen.

3 Vermengen Sie alle Zutaten, außer den Käse, in einer Schüssel und zerkleinern Sie sie mit einem Pürierstab oder in der Küchenmaschine zu einer feinen Paste. Geben Sie Salz und Pfeffer nach Geschmack dazu.

4 Der Ricotta kommt zum Schluss zum Einsatz. Die Pâté sollte fein und streichfähig sein. Mit dem Ölivenöl verdünnen Sie die Paste, bis sie die richtige Konsistenz hat.

5 Stellen Sie sie in einem luftdichten Behälter kalt, damit sie über Nacht durchziehen kann. Servieren Sie sie als Vitello Tonnato mit dünnen Roast-Beef-Streifen und frischem Tomatensalat.

WILDLEBERPÂTÉ

6 Port.

1,5 Std..

Mittel

Zutaten

250 g Wildleber
(Reh, Schwein etc. / fein gewolft)
150 g Butterschmalz
2 EL Butter
2 EL Süßrahm
135 ml Weißwein (süß)
25 ml Likör (rote Beeren, z. B. Brombeere)
2 Eier
1 Schalotte
1 Knoblauchzehe
1 ½ EL Thymianblätter
1 TL Salz
(optional Pökelsalz für die rosa Farbe)
2 EL grüne Pfefferkörner (eingelegt)
¼ TL Muskat

Nährwerte p. P.

313 kcal
1 g Kohlenhydrate
29 g Fett
14 g Eiweiß

1 Schneiden Sie die Schalotte und den Knoblauch in feine Würfel und schwitzen Sie beides in etwas Butter mit den Thymianblättern an. Gießen Sie Weißwein und Likör dazu. Reduzieren Sie die Flüssigkeit bei niedriger Temperatur auf die Hälfte.

2 Erwärmen Sie Butterschmalz, Butter und Rahm auf niedriger Stufe, bis alles handwarm und flüssig ist.

3 Bringen Sie Wein-Reduktion und Butter-Mischung auf eine Temperatur von etwa 35 °C und heizen Sie den Backofen auf 90 °C vor.

4 Mixen Sie Leber, Eier und Wein in einem Küchengerät zu einer Masse. Gießen Sie die warme Butter-Mischung langsam dazu.

5 Streichen Sie die homogene Mischung durch ein feines Sieb.

6 Würzen Sie die Pâté mit grob zerdrückten grünen Pfefferkörnern, Salz (o. Pökelsalz) und Muskat. In Einweckgläser verteilt stellen Sie die Pâté in ein Wasserbad und pochieren es im Ofen ca. 45 Minuten. Nach 24 Stunden im Kühlschrank können Graubrot, Silberzwiebelchen und ein süßes Chutney dazugereicht werden.

CANAPÉ MIT ENTENLEBERPÂTÉ UND MADEIRA-GELÉE

12 Port.

4 Std.

Mittel

Zutaten

600 g Entenleber (gesäubert)
50 ml Madeira
½ TL Thymianblätter
1 Lorbeerblatt
1 Knoblauchzehe (ungeschält)
150 g Butter
2 Blätter Gelatine
1 Msp. Muskat
Prise Salz, weißer Pfeffer
Brioche zum Servieren

Für das Gelée:
150 ml Cassis-Likör
1 Blatt Gelatine

Nährwerte p. P.

170 kcal
2 g Kohlenhydrate
17 g Fett
6 g Eiweiß

1 Mischen Sie die Leber mit den Kräutern, dem Knoblauch und dem Madeira in einer Schüssel und marinieren Sie sie darin für mindestens zwei Stunden.

2 Nach dieser Zeit gießen Sie die Marinade ab und reduzieren die Flüssigkeit auf kleiner Flamme, bis nur noch ein Esslöffel davon übrig ist. Braten Sie die Leber in der zerlassenen Butter an, bis sie gar, aber in der Mitte noch rosa ist.

3 Bewahren Sie die Hälfte der Bratflüssigkeit auf und entsorgen Sie den Rest. Die Gelatine darf in der Zwischenzeit in kaltem Wasser einweichen.

4 Zerkleinern Sie in der Küchenmaschine Leber, reduzierte Marinade und die weiche Gelatine. Geben Sie nach und nach die durchgesiebte Butter aus der Pfanne dazu. Die Pâté muss eine homogene Masse ergeben. Schmecken Sie sie mit Salz, Muskat und weißem Pfeffer ab. Die fertige Pâté muss mindestens 1 Stunde in einer flachen Form (2-3 cm) auskühlen.

5 Bereiten Sie das Cassis-Gelée vor, sobald das Leberpâté fest ist. Legen Sie dazu die Gelatine in kaltes Wasser und erwärmen Sie den Likör auf maximal 40 °C. Die weiche Gelatine muss erst mit einigen Löffeln des warmen Likörs aufgelöst werden, rühren Sie die Mischung dann mit einem Schneebesen ein. Der Likör darf nicht köcheln.

6 Nehmen Sie die Pâté aus dem Kühlschrank und gießen Sie das Gelée langsam darauf. Über Nacht setzt sich die Gelatine am besten (mindestens 4 Stunden).

7 Zum Servieren toasten Sie einige dünne Scheiben Brioche und stechen Kreise aus dem Brot und aus der Pâté aus. Erwärmen Sie den Ausstecher etwas, so lässt sich die gelierte Masse leichter handhaben. Dekorieren Sie die Häppchen nach Belieben.

PÂTÉ AUS HÄHNCHENLEBER MIT PORT

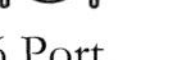

6 Port. 30 Min. Leicht

Zutaten

400 g Hähnchenleber
200 g Butter (weich)
50 ml Port
2 Schalotten
(fein gewürfelt)
2 Knoblauchzehen
2 EL Thymianblätter
Abrieb einer Orange
Salz, Pfeffer

Nährwerte p. P.

328 kcal
2 g Kohlenhydrate
29 g Fett
12 g Eiweiß

1 Glasieren Sie Schalottenwürfel, Knoblauch (gepresst), Orangenabrieb und Thymianblätter für 8 Minuten in 100 g der zerlassenen Butter.

2 Mit der Leber zusammen braten Sie alles für weitere 4 Minuten, bis sie gar ist.

3 Löschen Sie den Pfanneninhalt mit Portwein ab. Köcheln Sie die Flüssigkeit unter ständigem Rühren 2 Minuten ein.

4 Bearbeiten Sie die Leber (gesamter Pfanneninhalt) mit der restlichen Butter in der Küchenmaschine, bis eine homogene Paste entsteht. Schmecken Sie alles mit Salz und Pfeffer ab.

5 Kühlen Sie die Pâté in Gläsern portioniert und servieren Sie dazu leichte Salate mit Zitronendressing.

Soßen & Co.

MARMELADE AUS ROTEN ZWIEBELN

10 Port.

3 Std.

Leicht

Zutaten

2 kg Zwiebeln (rot)
4 Knoblauchzehen
140 g Butter
4 EL Olivenöl
140 g brauner Rübenzucker
1 EL Thymianblätter
1 Flasche Rotwein (trocken)
350 ml Rotweinessig
200 ml Port
Prise Salz, Pfeffer

Nährwerte p. P.

282 kcal
60 g Kohlenhydrate
4 g Fett
1 g Eiweiß

1 Schneiden Sie Zwiebeln und Knoblauch fein. Beides wird mit etwas Öl und reichlich Butter bei starker Hitze angebraten.

2 Rühren Sie Zucker, Thymian, Salz und Pfeffer ein. Die Flüssigkeit muss fast vollständig einköcheln, drehen Sie die Temperatur daher auf niedrige Stufe und planen Sie etwa 45 Minuten für das Reduzieren ein.

3 Sobald die Masse karamellisiert und sehr weich ist, gießen Sie Wein, Port und Essig hinzu. Das Einköcheln dauert auf mittlerer Stufe ca. 30 Minuten, die Flüssigkeit nimmt dann die Konsistenz eines Sirups an.

4 Füllen Sie die Marmelade in Einmachgläser und bewahren Sie sie gut gekühlt auf.

Tipp: Dazu passen Pasteten mit Rindfleisch, Wild und Terrinen mit Nüssen und grober Farce aus Ente und Schwein. Sie können die Marmelade sogar als Füllung für Mürbeteig verwenden, mengen Sie dazu nur Pulled Beef unter. Das Rezept kann mit Chiliflocken, Ahornsirup oder nach Geschmack erweitert werden.

FEIGENKOMPOTT (V)

15 Port.

1 Std.
10 Min.

Leicht

Zutaten

300 g Feigen (frisch)
90 g Zucker
2 TL Melasse
120 ml Apfelessig
1 Apfel (gewürfelt)
1 Zwiebel (gewürfelt)
50 g Sultaninen
½ TL Salz

Nährwerte p. P.

57 kcal
13 g Kohlenhydrate
0 g Fett
0 g Eiweiß

1 Bringen Sie alle Zutaten unter gelegentlichem Rühren ohne Deckel zum Köcheln. Es dauert ca. 60 Minuten, bis die gewünschte dickflüssige Konsistenz erreicht ist.

2 Nach dem Abkühlen füllen Sie die Masse in Gläser.

Tipp: Dazu passen Pasteten mit Käsefüllung und Wild sowie kalte scharfe Terrinen mit Grillgemüse. Servieren Sie das Kompott warm oder kalt.

BRATENSOßE (V)

4 Port.

30 Min.

Leicht

Zutaten

150 g Pilze (Portobello)
300 ml Gemüsebrühe
60 ml Rotwein (süß)
1 EL pflanzliche Butter
1 Zwiebel
1 Möhre
1 Knoblauchzehe (gehackt)
1 EL Zucker (braun)
1 EL Tomatenmark
1 EL Essig (Rotwein o. Balsamico)
1 EL Sojasoße
1 Lorbeerblatt
1 EL Mehl
1 Thymianzweig
1 TL Senf
Salz, Pfeffer

Nährwerte p. P.

150 kcal
8 g Kohlenhydrate
8 g Fett
2 g Eiweiß

1 Schälen, putzen und schneiden Sie das Gemüse. Zwiebel, Pilze und Möhre sollten in feine Würfel zerkleinert werden.

2 Erhitzen Sie Fett in einer tiefen Pfanne und braten Sie erst die Zwiebelwürfel, dann die Pilze und zum Schluss die Möhrenwürfel, bis alles eine goldige Farbe annimmt. Das Wasser aus den Pilzen sollte vollständig verkochen. Bei geschlossenem Deckel lassen Sie die Gemüsemischung weitere 3 Minuten dünsten.

3 Rühren Sie das Mehl ein, sodass keine Klümpchen bleiben. Löschen Sie dann alles mit Essig, Sojasoße, Brühe und Rotwein ab.

4 Das Tomatenmark, den Senf, die Gewürze und die Kräuter geben Sie dazu, sobald die Mischung wieder leicht köchelt.

5 Bei schwacher Hitze ohne Deckel reduzieren Sie die Soße ca. 10 Minuten, bis sie dickflüssig wird.

6 Nehmen Sie das Lorbeerblatt und den Thymianzweig heraus und pürieren Sie alles mit dem Stab in einem hohen Gefäß.

7 Schmecken Sie die Soße ab und servieren Sie dazu Gemüsepasteten, Schichtterrinen oder als Dip gefüllte Teigtaschen.

WÜRZIGE SOßE FÜR ENTE UND GANS

6 Port.

10 Min.

Leicht

Zutaten

4 EL Sojasoße
2 EL Erdnussbutter
2 EL Zucker
1 TL Melasse
2 TL Reisessig
1 Knoblauchzehe (gepresst)
2 TL Sesamöl
Prise Pfeffer
Sriracha nach Geschmack (für die Schärfe)

Nährwerte p. P.

65 kcal
6 g Kohlenhydrate
4 g Fett
2 g Eiweiß

1 Zerkleinern Sie alle Zutaten in der Küchenmaschine zu einer homogenen Masse und schon ist diese Soße fertig.

2 Für ein intensiveres Aroma stellen Sie sie für mindestens 2 Tage kalt, damit sie durchziehen kann.

Tipp: Dazu passt Entenfleisch, z. B. eine Scheibe Entenleberpastete in Fett knusprig gebraten, und karamellisiertes Pfannengemüse.

MINZSOßE

4 Port. 10 Min. Leicht

Zutaten

1 Bund Minze
4 EL Wasser
1 EL Zucker
100 ml Weißweinessig
2 Knoblauchzehen
1 Prise Salz

Nährwerte p. P.

41 kcal
9 g Kohlenhydrate
0 g Fett
1 g Eiweiß

1 Mischen Sie Wasser, Zucker, Essig und Knoblauch und bringen Sie alles zum Kochen. Drehen Sie die Hitze ab und geben Sie eine Handvoll der gehackten Minze (überwiegend Stängel) für 15 Minuten hinein.

2 Gießen Sie die Soße durch ein feines Sieb und rühren Sie die restliche Minze hinein. Schmecken Sie die Soße mit Salz ab.

Tipp: Diese leichte, frische Soße ist für Fischgerichte gedacht, passt aber auch zu Hähnchen. Als Dip bei einem Picknick eignet sie sich auch in Begleitung von Baguette und verschiedenen reichhaltigen Pâtés.

TARTAR-SOẞE FÜR SÜLZEN

6 Port.

5 Min.

Leicht

Zutaten

6 EL Mayonnaise
6 Cornichons
1 EL Kapern
1 TL Zitronensaft
1 EL Petersilie (gehackt)
2 TL Estragon
Salz, Pfeffer

Nährwerte p. P.

195 kcal
1 g Kohlenhydrate
21 g Fett
1 g Eiweiß

1 Mischen Sie alle Zutaten und stellen Sie sie über Nacht kalt, damit die Aromen durchziehen können. Dazu passen würzige Schweinssülzen und Bratkartoffeln.

Süße Varianten

CHAMPAGNER-TERRINE

10 Port.

3 Std.

Mittel

Zutaten

750 ml Champagner
10 Blätter Gelatine
11 Orangen
450 g Zucker
1 Zitrone
10 Grapefruits
20 Minzblätter
3 Passionsfrüchte

Nährwerte p. P.

149 kcal
24 g Kohlenhydrate
0 g Fett
0 g Eiweiß

1 Weichen Sie die Gelatine in kaltem Wasser ein und pressen Sie in der Zwischenzeit eine Orange sowie die Zitrone aus.

2 Erwärmen Sie den Champagner in einer Pfanne und geben Sie Zucker, Orangen- und Zitronensaft dazu. Lassen Sie die Mischung kurz aufkochen, damit sich der Zucker auflöst. Lassen Sie die Basis leicht abkühlen.

3 Legen Sie eine Form mit Frischhaltefolie aus und schälen Sie die Grapefruits und die restlichen Orangen. Die Zitrussegmente sollten sauber geputzt werden.

4 Rühren Sie die weiche Gelatine in die Champagnerbasis, diese muss leicht warm gehalten werden.

5 Schichten Sie danach Orange und Grapefruit abwechselnd mit einer Schicht Gelée. Die Form muss nach jeder Schicht in den Kühlschrank gestellt werden, damit die Terrine fest wird.

6 Zum Servieren dekorieren Sie eine Scheibe mit den Samen der Passionsfrucht und etwas gehackter Minze.

APFELPASTETE

9 Port.

1 Std.

Leicht

Zutaten

Für den Teig:
240 g Mehl
55 g Butter
1 Eigelb
1 TL Salz
4 EL Eiswasser

Für die Füllung:
120 g Butter (geschmolzen)
120 g Zucker
120 g brauner Zucker
120 g Apfelmus
4 saure Äpfel (geschält, gewürfelt)
2 TL Speisestärke

Nährwerte p. P.

391 kcal
55 g Kohlenhydrate
17 g Fett
3 g Eiweiß

1 Mischen Sie alle Zutaten für den Teig in der Küchenmaschine mit Knetaufsatz zu einem Ball. Verarbeiten Sie die Butter möglichst kalt und geben Sie das Wasser nach und nach hinzu. Legen Sie den Mürbeteig in Folie gewickelt für eine Stunde in den Kühlschrank.

2 Für die Füllung rühren Sie alle Zutaten mit dem Handrührgerät zu einer Masse. Heizen Sie den Ofen auf 180 °C vor.

3 Köcheln Sie die Apfelmus-Mischung auf dem Herd bei niedriger Hitze ein. Sie muss die Konsistenz von Pudding annehmen. Rollen Sie den kalten Teig zwischen zwei Lagen Backpapier 1 cm dick aus und stechen Sie Kreise in der Größe von Muffinförmchen aus. Backen Sie den Teig in der Form für 10 Minuten im Ofen.

4 Füllen Sie den Apfelmus-Pudding in die Teigformen und bestreuen Sie die Oberfläche mit einer Prise des braunen Zuckers.

5 Bei 180 °C backen die Pastetchen ca. 30 Minuten, bis der Zucker karamellisiert und die Füllung fester wird.

EISTERRINE MIT KIRSCHEN

8 Port.

45 Min.

Leicht

Zutaten

330 g Kirschen
(entsteint, halbiert)
175 g Herrenschokolade
300 ml Schlagsahne
85 g Butter
(in Stückchen)
40 g Zucker
3 Eier (getrennt)
20 g Kakaopulver
30 ml Brandy

Nährwerte p. P.

417 kcal
25 g Kohlenhydrate
32 g Fett
5 g Eiweiß

1 Legen Sie eine Kastenform mit Frischhaltefolie aus und fetten Sie diese ein.

2 Schmelzen Sie die Schokolade über einem Wasserbad. Rühren Sie einen Teil der Butter in die flüssige Schokolade.

3 Die restliche Butter wird mit dem Zucker aufgeschlagen und nach und nach mit Eigelb, Brandy und Kakaopulver vermischt.

4 Geben Sie die geschmolzene, abgekühlte Schokolade und die Kirschen in die Masse.

5 In extra Schüsseln verarbeiten Sie die Schlagsahne mit dem Mixer, bis sie steif ist, und das Eiweiß zu Schnee.

6 Heben Sie die Sahne und den Eischnee unter die warme Butter-Schoko-Masse.

7 Füllen Sie die Mischung in die ausgelegte Form und lassen Sie sie über Nacht im Gefrierfach auskühlen.

PUDDINGTÖRTCHEN

12 Port.

45 Min.

Schwer

Zutaten

Für den Teig:
150 g Mehl (gesiebt)
80 ml Eiswasser
120 g Butter (weich, in Stückchen geschnitten)
Prise Salz

Für den Sirup:
150 g Zucker
65 ml Wasser
¼ TL Zimt
1 Zitrone
(nur Zeste, abgeschält)

Für den Pudding:
50 g Mehl
Prise Salz
350 ml Milch
6 Eigelb
1 TL Vanilleextrakt

Nährwerte p. P.

281 kcal
41 g Kohlenhydrate
12 g Fett
4 g Eiweiß

1 Mischen Sie Mehl, Wasser und Salz zu einem klebrigen Teig. Rollen Sie diesen auf einer eingemehlten Fläche zu einer Kugel und lassen Sie ihn 20 Minuten abgedeckt ruhen. Nutzen Sie wenig Mehl und rollen Sie den Teig nach der Ruhezeit zu einem Rechteck aus.

2 Bestreichen Sie den klebrigen Teig zu 2/3 mit sehr weicher Butter (ca. 50 g) in einer dünnen Schicht. Legen Sie die ungebutterte Seite darüber und streuen Sie etwas Mehl darauf.

3 Die Schichten müssen erneut flach gerollt werden, bis der Teig-Butter-Fladen wieder rechteckig und etwa 1 cm dick ist. Verteilen Sie das zweite Drittel Butter wie zuvor und falten Sie die unbestrichene Seite wieder darüber.

4 Der Teig muss 10 Minuten im Kühlschrank ruhen, damit die Butter nicht zerläuft.

5 Rollen Sie den Teig erneut zu einem 1 cm dicken Rechteck. Anschließend wird die restliche Butter in gleicher Weise verstrichen (am oberen Rand 2 cm Platz lassen), der Teig wird wieder aufgerollt. Benetzen Sie den Rand mit Wasser, damit der Teig besser klebt.

6 In Frischhaltefolie gewickelt muss der Teig über Nacht im Kühlschrank ruhen. Bringen Sie die Zutaten für den Sirup zum Köcheln und halten Sie ihn warm.

7 Für den Pudding mischen und erwärmen Sie Mehl, Salz und Milch auf niedriger Flamme, bis die Masse leicht eindickt.

8 Lassen Sie die Milch abkühlen und rühren Sie das Eigelb mit dem Schneebesen ein, gefolgt vom Sirup und dem Vanilleextrakt. Sieben Sie die Puddingbasis durch.

9 Schneiden Sie die gekühlte Teigrolle in 12 Stücke.

10 Verteilen Sie den Teig in der Muffinform mit den Fingern. Halten Sie die Finger ab und zu in kaltes Wasser, damit der Teig nicht kleben bleibt. Der Teig muss 5 mm über der Form stehen.

11 Befüllen Sie die Teigschälchen zu ¾ mit dem Pudding und heizen Sie den Ofen auf 280 °C vor. Nach ca. 12 Minuten sollten die Törtchen karamellisiert und knusprig aussehen.

FRUCHTTERRINE (V)

4 Port. 30 Min. Mittel

Zutaten

300 ml Wasser
1 ½ TL Agar-Agar
1 EL Ahornsirup
1 TL Vanilleextrakt
(o. ½ Vanilleschote)
½ Orange (gesäubertes Fruchtfleisch)
200 g Beerenmischung (gefroren)

Nährwerte p. P.

80 kcal
11 g Kohlenhydrate
0 g Fett
5 g Eiweiß

1 Schälen Sie die Orange mit einem Messer und schneiden Sie die Fleischsegmente sauber heraus. Schichten Sie diese in einer Lage in eine Kastenform.

2 Geben Sie die Beeren darüber.

3 Lösen Sie das Agar-Agar bei mittlerer Hitze im Wasser auf. Rühren Sie Ahornsirup und Vanilleextrakt ein. Die Mischung muss 60 Sekunden köcheln.

4 Gießen Sie das Gelée in die Kastenform. Die Terrine muss über Nacht kaltgestellt werden.

SÜßE GLÜHWEIN-TERRINE

6 Port.

30 Min.

Leicht

Zutaten

500 g Joghurt
(> 2 % Fettanteil)
200 g Schlagsahne
300 g Beeren-Mix
(frisch/TK)
1 Pck. Vanillezucker
160 g Zucker
200 ml Glühwein (rot)
100 ml Johannisbeersaft
7 Blätter Gelatine
3 Limetten (Saft)
4 EL Orangensaft
1 TL Speisestärke

Nährwerte p. P.

367 kcal
46 g Kohlenhydrate
15 g Fett
7 g Eiweiß

1 Weichen Sie drei Gelatineblätter in etwas kaltem Wasser ein. In der Zwischenzeit erwärmen Sie leicht den Glühwein, 1 Esslöffel Zucker und den Johannisbeersaft in einem Topf.

2 Nehmen Sie die Mischung vom Herd und lösen Sie die weiche Gelatine darin auf. Lassen Sie die Flüssigkeit kurz abkühlen und geben Sie eine Handvoll Beeren hinein. Legen Sie Frischhaltefolie in eine Kastenform und füllen Sie den Boden mit dem Gelée. Stellen Sie es für 3 Stunden kalt.

3 Weichen Sie die übrige Gelatine ein. Der Limettensaft wird mit 100 g Zucker gemischt und leicht erwärmt. Rühren Sie die ausgedrückte Gelatine ein. Mit dieser Mischung verdünnen Sie einige Löffel Joghurt und fügen nach und nach den Rest hinzu. Halten Sie die Masse handwarm.

4 Schlagen Sie die Sahne mit dem Vanillezucker mit einem Mixer steif. Darunter wird die Limetten-Joghurt-Masse gehoben. Verstreichen Sie die Creme auf dem Geléeboden und stellen Sie sie wieder kalt.

5 Kurz vor dem Servieren stürzen Sie die Terrine. Dazu passt eine Beerensoße. Erhitzen Sie hierfür die restlichen Beeren mit 3 Esslöffeln Zucker, Orangensaft und Speisestärke, bis das Ganze eindickt.